AF191801

Mira Witte

Ein Herz trägt Poetry

Poetry-Slam-Texte

Bibliografische Information der Deutschen
Nationalbibliothek:
Die Deutsche Nationalbibliothek verzeichnet diese
Publikation in der Deutschen Nationalbibliografie; detaillierte
bibliografische Daten sind im Internet über http://dnb.dnb.de
abrufbar.

Lektorat: Rahsan Weilert
Illustrationen: Selina Witte und Mira Witte
Cover: Mira Witte

Herstellung und Verlag: BoD – Books on Demand,
Norderstedt

ISBN: 978-3-7578-5216-0

Für meine Eltern.
Ihr habt mir das Leben gegeben
und ich danke euch,
dass ich es immer auf kreativer Weise
gestalten durfte.

Triggerwarnung

In einigen Texten geht es um Depressionen und Angstzuständen. Falls dir diese Themen gerade nicht gut bekommen würden, dann lies diesen Gedichtband bitte nicht.

Bedienungsanleitung für das Leben

Ich strecke dem Leben die Zunge raus,
um ihm zu beweisen,
dass ich es satt habe,
mit meinen Gedanken bereits Gedachtes
immer wieder zu umkreisen.
Ich bilde meine humorvollen Qualitäten aus,
um gegen Schwere anzulachen
und Leichtes binde ich fest wie einen Drachen,
denn es fliegt viel zu schnell davon.
Ich fühle mich noch ganz benomm'
von diesem Höhenflug
und je näher ich Richtung Erde komm',
kommen die Bilder in meinen Kopf,
auf denen ich auf den Boden aufschlug.
Nun wende ich mich von Bildern ab
und widme mich den Worten.
Entstehen sie eigentlich an geheimen Orten,
die nur für sie existieren?
Und wohin gehen sie,
wenn wir mal all unsere Worte verlieren?
Ich würde das Alphabet
manchmal gerne neu mischen,
standardisierte Verfahren gekonnt verwischen
und Ordnungen neu ordnen,
um ungeordnet zu sein.
Dann stimmen sie auch endlich mal
mit dem Leben überein.

Immer wenn ich träume,
wache ich viel zu schnell auf.
Dann gibts da ja noch die Zwischenräume
und da verwischt sich der Verlauf
von Traum und Realität.
Doch ist es wohl wahr,
dass das eine ohne das andere nicht geht.
Und auch ich gehe
manchmal irgendwie gar nicht,
fühle mich wie eingerostet
und fehlprogrammiert.
Ich habe von der Liebe gekostet
und nun tut's weh,
wenn man sie verliert.
Und das passiert,
als wenn ich das nicht wüsste!
Doch fällt das mit dem Machen leichter,
wenn ich weiß,
dass ich nicht müsste.
Tu jetzt nicht so,
als wenn du es ist nicht wusstest,
dass du irgendwann für dich alleine
weitermachen musstest.

Weil von *wollen* viel zu selten die Rede ist,
stelle ich mich vor den Spiegel
und warte bis er spricht:
„Tu, was du willst und sei frei!",
und ich antworte ihm direkt ins Gesicht:
„Hast du dafür auch eine Bedienungsanleitung dabei?"

Licht sein

Ich möchte ein Licht sein,
für all die Kinder,
die sich selbst so sehr hassen.
Für all die sanften Seelen,
die in diese laute Welt nicht passen.
Für all jene,
die an sich selber zweifeln
und die meinen,
ihr Glück kommt,
indem sie an ihrem Aussehen meißeln.

Ich möchte ein Licht sein,
für all die Mädchen,
die ihren Körper nicht lieben.
Für all die gebrochenen Seelen,
dessen Mut man hat vertrieben.
Für all jene,
die bloß noch funktionieren,
um die Welt dort draußen,
doch sich selbst schon längst nicht mehr,
zu imponieren.

Ich möchte ein Licht sein.
Für all die Jungen,
die sich nicht erlauben zu weinen.
Für all die starken Seelen,
die, im Inneren tieftraurig,
stets fröhlich erscheinen.
Für all jene,
die überlegen aufzugeben
und jeden Tag auf der Suche nach dem sind,
das sie noch hält am Leben.

Denn ich war da auch.
Und an manchen Tagen
bin ich es noch immer.
Doch dort zu sein,
bedeutet nicht,
für immer dort zu bleiben.
Jetzt zu wein',
bedeutet nicht,
dein Lachen wird für immer schweigen.
Ich bin dein Licht
und ich verschwinde nicht,
auch wenn du selbst mal tiefste Dunkelheit bist.
Ich bin dein Licht,
solange, bis du dein eigenes
wiedergefunden hast
und eines Tages wieder
ehrlichen Herzens lachst.

Mut-Tankstelle

Mir geht es nicht gut,
wie sieht es aus bei dir?
Mir fehlt heute der Mut,
schenkst du ihn mir?
Also, ich meine deinen …
Denn immer, wenn ich dich ansehe,
sehe ich, wie Angst und Glück sich reimen.
Wie das, was ich nicht verstehe,
im Licht der Logik beginnt zu scheinen.
Und das, was immer noch befremdlich bleibt,
ist das, was mich heute zu dir treibt.
Denn du hast den Durchblick
und bitte zeige mir doch deinen Trick,
wie man so richtig mutig ist.

Ich würde dich gerne anzapfen,
dann Hals über Kopf aufbrechen,
ohne zu bezahlen
Und ich habe keine Angst davor,
gefasst zu werden
und so wirst du zu meiner Mut-Tankstelle,
denn Leben hat immer auch Gefälle,
doch genau dadurch,
und durch dich,
kann ich jeden seiner Schätze bergen
und surfen jede noch so gruselige Welle.

Wie bringe ich das in mir wieder zum Klingen,
das stumm geworden ist?
Wie denke ich größer
und nicht bloß bis zur nächsten Frist?
Was ist das heute nur für ein komischer Tag,
an dem ich alles an mir vermiss
und vor allem die Freude?
Bitte lass uns Verbrecher spielen
und du zeigst mir, wie ich den Mut hereinschleuse,
ohne Aufruhr zu erzeugen
oder dass mich andere beäugen.

Ich würde dich gerne anzapfen,
dann Hals über Kopf aufbrechen,
ohne zu bezahlen
Und ich habe keine Angst davor,
gefasst zu werden
und so wirst du zu meiner Mut-Tankstelle,
denn Leben hat immer auch Gefälle,
doch genau dadurch,
und durch dich,
kann ich jeden seiner Schätze bergen
und surfen jede noch so gruselige Welle.

Du kannst das so gut,
still und heimlich mutig sein.
Du tust das einfach so für dich
und nicht um anderen zu gefallen.
Hast du dafür 'nen Erfolgsrezept?
Oder habe ich mich bloß
mit den Mengenangaben beim Zweifeln verschätzt?
Zeigst du mir das Loslassen
und mit Angst nach vorne gehen?
Zeigst du mir das Zufassen,
auch wenn am Wegesrand Stacheldrähte stehen?
Lässt du mich für heute
deine Komplizin sein?
Mutig bist du doch bestimmt
nicht nur allein, oder?

Ich würde dich gerne anzapfen,
dann Hals über Kopf aufbrechen,
ohne zu bezahlen
Und ich habe keine Angst davor,
gefasst zu werden
und so wirst du zu meiner Mut-Tankstelle,
denn Leben hat immer auch Gefälle,
doch genau dadurch,
und durch dich,
kann ich jeden seiner Schätze bergen
und surfen jede noch so gruselige Welle.

Surfst du mit?
Sind du und ich
vielleicht viel mehr als Mut,
und das Gewicht
das uns auf der Erde hält,
wenn sie zu verlassen manchmal einfacher ist?

Bitte sei für immer
meine Mut-Tankstelle
und lass uns gemeinsam surfen
jede gruselige Welle.

Gedanken über das Glück

Wenn ich mein Glück verschenke,
ist es nicht weg,
es füllt vielleicht jetzt in anderer Leben
einen leeren Fleck.
Vielleicht war da sogar mal Schwarz,
aber Glück ist in jeder Farbe schön.
Doch ist es wohl mehr ein Farbverlauf,
mit keiner festen Nuance.
Es ist nicht da,
um uns beim Bleiben zu verwöhnen.
Das Glück vom Glück ist,
es braucht nie eine Avance
zu machen,
denn jeder lädt es freudvoll ein,
doch manchmal ist der Türspalt,
den wir offen lassen,
für das Glück zu klein.
Und ist es dann doch hereingetreten,
schließen wir Türen und Fenster,
den Schlüssel im Schloss zwei Mal herumgedreht,
und in jeder Zimmerecke sehen wir Gespenster,
aus Angst,
sie könnten uns das Glück wieder nehmen.

Vielleicht ist Glück auch maßlos vorhanden
und es kommt nur darauf an,
welche Entscheidungen wir treffen.
In welche Richtung wir uns einst wanden
und ob wir es ansehen als unseren Sohn und Schwester
oder bloß als einen entfernten Neffen.
Ich glaube,
die glücklichsten Menschen sind die,
die ihr Glück in ihrem Zuhause fanden.
Menschen wünschen sich ständig Glück,
nicht nur am Geburtstag oder an Silvester.
Und biegt es dann erfreut um die Ecke,
wehren sie es ab mit ihren Händen,
als wenn es Schuldgefühle wecke.
Doch wenn wir meinen,
dass es von etwas so wenig gibt,
warum dann verschwenden?
So rufe ich in die Nacht hinein:
„Darf ich morgen glücklich sein?
Oder, vielleicht, sogar noch heute?"
So schlage ich direkt mit mir selber ein
und besiegel so meinen Glückspakt.
Indem ich mit meinem Finger auf die Sterne deute,
fällt mir auf, dass ich sie nur sehe,
wenn es um mich dunkel ist.
Und trotzdem sind sie immer da.

Vielleicht ist das beim Glück der gleiche Fakt,
und es ist immer da,
nur nehmen wir es erst wahr,
wenn wir auch mal in Schattenwelten lebten,
Brust und Schultern vor Angst bebten
und die Hoffnung noch
das einzige Lebendige in uns war.
Ich will damit nicht sagen,
dir geht es erst wirklich gut,
wenn es dir mal richtig schlecht ging.
Ich möchte nur an dich tragen,
dass es besser wird,
wenn es dir jetzt schlecht geht.
Und dass es schön ist,
wenn Freude in deinen Augen steht.

Doch was heißt das schon:
Glücklich sein?
Und ist Glück haben,
Glück erleben,
glücklich sein
wirklich das Gleiche?
Vielleicht ist Glück auch schon,
dass ich mir selber reiche.

Vielleicht finden viele ihr Glück nicht,
weil sie zu groß denken,
ihre Augen auf das Große lenken,
dabei ist Glück winzig klein
und nur nicht so leicht zu entdecken.
So wie ein Kleeblatt mit vier Blättern,
das Gräser auf der Wiese verdecken.
Oder ein Spruch in Lettern
auf einer unscheinbaren Postkarte,
der mich liebevoll ermahnt,
dass mein Glück nicht kommt,
indem ich darauf warte.
Geschickt von einem Freund,
der auch jede Nacht,
von seinem Glück träumt.
Vielleicht sind wir beide
auch unser gegenseitiges Glück.
Und während der eine wacht,
begibt sich der andere auf den Weg,
das Glück zu finden
und es dann loszulassen,
wenn es wieder geht.
Und ja, es stimmt wohl,
dass man sein Leben
erst rückwärts versteht,
aber glücklich sein,
möchte ich nicht erst im Nachhinein bemerken.

Also lasst uns uns gegenseitig daran erinnern,
uns jeden Morgen stets zu fragen:
Bin ich glücklich?
Dabei keine Scheuklappen zu tragen,
aus Angst vor der Antwort.
Denn unglücklich sein kann weh tun,
aber auch glücklich sein,
schmerzt manchmal sehr.
Vielleicht ist weniger Glück manchmal mehr.

Kinderfragen

Mit wachsenden Lebensjahren
schrumpfen die Fragen.
Und all die freche Neugierde ist nicht mehr zu finden
in all den Tagen,
die jetzt das Korsett des Erwachsenseins tragen.
Wird die eine Seite schwerer,
hebt die andere ab.
Unsere Aussagen werden immer prekärer
und wir haben all die Fragen satt.
Als Kinder haben wir sie geliebt
und wir waren so dankbar,
wenn uns ein Erwachsener eine Antwort gibt.
Wir haben alles geglaubt
und heute zweifeln wir an allem,
am meisten an uns,
und wir glauben am wenigsten an uns selbst.
Liegt das am Übermaß Vernunft
oder warum haben wir das Staunen verlernt?
Warum erkennen wir nicht, wie nah Wunder sind,
sondern immer nur, wie weit entfernt?

Als Kinder tanzten wir durch das Leben
und mit dem Alter haben wir das Tanzen verlernt.
Oder nein, wir haben es bloß aufgegeben,
um diszipliniert nach oben zu streben
und zwischen bedruckten Scheinen zu leben.
Wie kann es sein, dass uns das Alltägliche langweilt
und nur das außergewöhnlich Teure fasziniert?
Wir haben die Augen für das Kleine verloren.
Soweit, dass unser Herz
auf kleine Wunder nicht mehr reagiert.
Warum stellen wir nur noch so wenige gute Fragen
und stattdessen uns selbst immer wieder infrage?
Wir suchen viel zu wenig nach den Wundern
in unseren Tagen.
Also bitte, lasst uns fragen:

Wer hat Rosenkohl erfunden
und warum schmeckt er nicht nach Popcorn?

Warum hat Oma Hilde so riesengroße Ohren?

Wie entsteht Staub
und warum tanzt er nur im Sonnenlicht durch die Wohnung?

Wer malt den Regenbogen bunt?

Sehe ich nachts immer die gleichen Sterne?

Warum kommt aus Papa´s Haut so viel Wärme?

Sind Wolken aus Zuckerwatte gemacht?

Welcher Mensch hat als erster gelacht
und das Lachen zum Lachen gemacht?

Warum können Tiere nicht sprechen?

Warum ist es so cool,
dass Männer Frauen die Herzen brechen?

Warum dauert Zeit so unterschiedlich lang?

Warum ist Freitag nicht der Wochenanfang?

Wieso regnet es auch an Sonntagen?

Warum muss ich Älteren immer als erstes Hallo sagen?

Warum fängt nach dem Wochenende
immer wieder die gleiche Woche an?

Warum platzen Seifenblasen, wenn ich sie fang'?

Bekomme ich Pocken nur bei Wind?

Ist der November farbenblind?

Warum kann ich meinen Schatten nicht fangen,
du aber schon und was soll ich mit deinem machen?

Wie kommt es, dass Erwachsene weinen beim Lachen?

Warum stinken alte Menschen so dolle?

Wo auf der Erde leben eigentlich Trolle?

Warum können Fischstäbchen nicht schwimmen?

Warum muss meine Antwort in der Schule
eigentlich immer stimmen?

Wer ist dieser Gute Ton
und warum ist er bei Oma und Opa immer eingeladen?

Hat Mama zugenommen
oder warum platzt ihr ständig der Kragen?

Wo wachsen Erdnussflipsbäume?

Warum leben wir ständig bei Hempels unterm Sofa,
nur weil ich nicht aufräume?

Warum ist der Weihnachtsmann keine Frau?

Wenn Onkel Paul da gar nicht hin will,
warum fährt er dann immer wieder in den Stau?

Warum machen Diebe keine Stuhlüberfälle?

Wenn wir an die Ostsee fahren,
baden wir dann in der Dauerwelle?

Hat Opa einen Medizinball verschluckt?

Wenn ich einen Ausschlag habe, bin ich dann ein Boxer
und wie kommt es, dass er juckt?

Warum isst mein Cousin Popel?

Wenn Konstantin groß ist,
kriegt er dann als Auto einen Konstantinopel?

Warum kann man Wind nicht sehen?

Warum bleiben Erwachsene immer noch so lange,
wenn sie sagen, dass wir gleich gehen?

Ist der Paprika schlecht
oder warum ist die so grün?

Wenn Hannelore immer so ein Theater macht,
warum trägt sie dann nie ein Kostüm?

Lasst uns wieder solche Fragen stellen
und reiten auf den Neugierwellen,
anstatt auf den Wellen des Erfolgs.
Lasst uns Dinge für die Freude tun
und nicht für den Stolz.
Lasst uns durch unsere Fragen wachsen
und auch bei schrumpfender Körpergröße
noch genug Platz lassen für Faxen.
Lasst uns als Erwachsene nicht länger ein Korsett,
sondern Verspieltheit tragen.
Dann müssen wir am Ende unserer Tage
auch nicht nach einer Verlängerung fragen.

Nachrichtenoverload

Was bewegt mich heute?
Ich schlage die Zeitung auf.
Ich sehe große Deals von bekannten Firmen,
zu niedrige Strafen aufgrund einer Klage,
neue Trends, die den Markt stürmen
und mir damit zeigen, was ich nicht habe,
aber unbedingt brauche.

Ich schlage die Zeitung um.
Ich sehe Sommerprognosen
mit einhergehenden Dürrevorhersagen,
neue Gesetzesvorhaben,
beschlossen in Konferenzen,
die dann doch wieder wenig
nach dem Wohle der Tiere fragen.
So viel Leid und Unterdrückung
hinter den eigenen Grenzen,
sodass ich mich hilflos fühle,
mit Ausreden mein Herz abkühle,
ich könnte nichts bewirken.

Ich blättere weiter.
Ich sehe Krankheiten,
die unser System überlasten,
zu Unrechtverurteilte,
die aus Hungerstreik fasten,
Materialienmangel,
sodass Baustellen verwaisen,
Umweltkatastrophen und Terror,
sodass ich mich frag,
wohin kann ich noch sicher reisen?

Ich die schlage die Zeitung zu,
sodass ich nichts mehr sehe.
Doch die Schrift eingebrannt in mein Herz,
die ich versuche zu verdrängen,
als wäre alles nur ein schlechter Scherz.

Ich stelle das Radio lauter,
während ich im Berufsverkehr stehe.
Ich höre von Razzien gegen Drogenbanden,
Kindern, die auf der Anklagebank sitzen,
Ideen für finanzielle Entlastungen,
die gleich darauf wieder verschwanden
und von Handwerkern,
die aufgrund von zu wenig Azubis
anfangen zu schwitzen.

Ich höre Gerede von Winter,
gekleidet in Herbst.
Von Flutkatastrophen und schwindenden Korallen,
wonach direkt erzählt wird,
in welcher Farbe du dir deine Haare
diese Saison am besten färbst.
Und von Warnstreiks,
die Reisende und Berufspendlern wohl nicht gefallen.

Arbeitstag geschafft.
In der Mittagspause über Politik diskutiert,
festgestellt, so geht es nicht weiter.
Über Gott und die Welt philosophiert,
ach, und das Wetter ist die nächsten Tage
übrigens noch heiter.

Dann beende ich den Tag,
wie er angefangen hat:
Mit 15 Minuten Negativität.
Gesetze, Erlasse, Beschlüsse,
Terror, Katastrophen, Beschüsse.
Die Tagesschau stellt Kämpfe von Menschen
gegen Menschen, Tieren und der Welt zur Schau.
Dann führt der Mensch auch noch
einen inneren Kampf gegen sich selbst.
Das ist alles zu viel für meine Seele,
sodass sie in unruhige Träume fällt.

Die Zeit

Es mag vielleicht verwundern,
aber ich fühle mich frei von Zeit.
Die Uhr ist menschengemacht
und hält den Mensch fest im Takt,
und so versklaven wir uns
und was ist das für ein lausiges Sprichwort:
„Die Gunst der Stunde sollst du nutzen",
doch anstatt durch das Fenster
in das strahlende Blau zu gucken,
machen wir uns sofort daran, es zu putzen.
Erst wenn Licht darauf fällt,
sieht man den Dreck.
Und manchmal bietet die Zeit
einen so passablen Zweck,
ihn erst einmal zur Seite zu schieben,
weil anderes ruft,
den Zettel bereits am Morgen voll an To-Dos,
die man alle als wichtiger einstuft,
als …
Ja, wichtiger als was?
Als zu leben, zu lieben,
zu lachen und zu sein?
Als zu lesen, auf der Wiese zu liegen,
nichts zu machen oder zu hüpfen auf einem Bein?
Aber nein, das ist ja viel zu gefährlich.

Dann kommt nur der Opa um die Ecke
und schimpft:
„Also Mira, mal ehrlich,
nur harter Fleiß wird hier belohnt!"
Und seine Zähne längst verkront,
ist der menschliche Körper ein Beweis,
dass niemanden die Zeit verschont.

Doch waren die Zeiten damals anders
und so nehme ich Opas Hand.
Ich ziehe ihn zu mir aufs Sofa
und in seinem Blick sehe ich,
dass er verstand.
Einen Seufzer stößt er aus,
er schaut zu mir herauf
und sagt:
„Eines ändert sich wohl nie,
der Mensch der lebt nach Normen,
vielleicht mal nach anderen – je nach Zeit,
und dabei bemerkt er nicht,
wie sie ihn verformen.
Und als wenn das nicht schon reicht,
wacht er zu späten Jahren seines Lebens auf.
Er blickt zurück
und sieht nichts außer einen Dauerlauf.
Einen Sprint nach immer mehr
und einen Wettkampf gegen die Zeit."

Ich stupse meinen Opa liebevoll

mit der Schulter an,

und so erinnern wir uns beide daran,

dass es Schultern gibt,

an denen man sich anlehnen kann.

Meine möchte ihm heute sagen:

„Du bist frei in deinem Handeln,

egal wie gefangen du dich auch fühlst.

Auch starre Formen können sich wandeln,

wenn du nach ihren Tiefen wühlst.

Damit meine ich nicht,

alles zu verstehen,

sondern alles,

was noch nicht ist,

bereits jetzt mit dem Herzen zu sehen.

Du glaubst doch auch an die Zeit,

ohne dass du sie sehen kannst,

oder siehst du einen Moralapostel,

der zu dir ruft:

„Du musst mich fangen! Ich laufe dir davon!"

Schon krass, dass jeder Mensch sein Leben

ausrichtet nach dieser Floskel,

und am Ende hat er sich dann doch

in seiner Vergangenheit oder Zukunft versponn'.

So wenige leben ihre Zeit im Jetzt."

Opa grinst durch meinen Vortrag
und ich weiß, was er jetzt denkt.
Dass jede Zeit, die der Mensch durchlebt,
ihn in eine Richtung lenkt
und ihn reifen und ihn wachsen lässt.
So gesehen ist vergangene Zeit doch ein Geschenk.

Und doch bleibe ich dabei,
nur zeitlos fühle ich mich frei.
Aus meinen Uhren nehme ich die Batterie raus,
und fange an,
wenn ich anfangen will
und höre auf,
wenn ich fertig bin.
Ohne Ticken sind auch die Gedanken still,
und so treibe ich dahin.
Nicht mehr gehetzt zu all den Terminen,
die mir damals als so wichtig erschienen.
Dabei waren sie nur ein Absitzen der Zeit
und dann beschweren wir uns,
dass uns unsere Zeit nicht reicht?
Entweder zu viel oder zu wenig,
zu früh oder zu spät.

Es ist selten genau richtig

und egal,

welches Parfüm ich mir auch aufsprühe,

der Duft vergeht -

mit der Zeit.

So, wie alles vergeht -

mit der Zeit.

Doch ich bin ja schon längst ausgestiegen

und ich weiß,

dass Gestern, Heute und Morgen

stets übereinanderliegen.

Nur weil der Mensch Wandel

wohl sonst nicht begreift,

braucht er die lineare Zeit.

Doch wie mein Opa ja hat gesagt:

„Ertragen kann ein Mensch wohl alles,

nur die Reue macht es ihm echt schwer.

Und weiter,

andere Zeiten erfordern andere Maßnahmen."

Und so setze ich mich gegen

das gesellschaftliche Zeitkonstrukt zur Gegenwehr.

Friedlich und mit weißen Fahnen.

Wir holen uns die Freiheit zurück,

die wir uns einst selber nahmen.

Ein Nicken zu Opa,
ein Lächeln zurück.
Und so besiegeln wir unser Gespräch damit,
dass es ist unser Glück,
dass wir sind mit einem freien Willen bestückt.

Das Falsche und das Richtige

Ich glaube,
ich habe oft meine Energie damit verschwendet,
Brücken zu bauen, wo Festland ist.
Und an anderen Stellen welche einzureißen,
ohne schwimmen zu können.
Ich wollte meine Haare wieder schneiden,
obwohl sie kaum gewachsen sind
und immer nur diese eine Hose tragen,
obwohl der Knopf aufspringt.
Als Kind bin ich über Pfützen herübergesprungen
anstatt in sie hinein.
Ich traf Menschen mit vor lauter Reden verknoteten Zungen
und stand fest in ihren Wahrheiten mit beiden Beinen.
Anstatt Neues zu lernen,
habe ich versucht, Altes zu vergessen.
Ich habe mir immer gesagt,
Mama hat sich bloß vermessen
und dass ich in Wahrheit viel größer bin.
Jetzt bin ich groß und frage mich,
wo ist bloß die Kleine hin
und warum war ich immer so ernst.

Ich habe gestern erst den Dachboden entkernt
und dabei so viel Kind gefunden,
dass es wieder aufriss all die Wunden.
Ich weiß noch, ich habe meine Augen geschlossen
und gedacht, all die Monster sind weg.
Später hörte ich in diesen Nächten
mein Herz ganz laut pochen
und wusste, sie sind bloß gut versteckt.

Nächsten Tag in der Schule öffnete ich mein Heft
und sah blaue Tränenflecken vor mir.
All die Ängste und Sorgen brachte ich nachts zu Papier.
Sie erschienen mir wichtiger, als Faust zu interpretieren.
Ich korrigierte lieber meinen Lebensweg,
anstatt anderer auswendig zu lernen
und in mein Heft zu kopieren.

Ja, als Kind wollte ich noch
jeden Tagebucheintrag bunt verzieren,
um mein Leben wenigstens hier in Farbe zu erleben.
Heute schmiere ich alles schnell und lieblos hin,
wenn ich denn überhaupt Tagebuch schreibe
und nicht zu beschäftigt mit den Gedanken anderer bin.

Ich lasse die Tage nicht enden
gemütlich im Bett,
sondern am Schreibtisch
und dabei steckt eine Hand in der Chipstüte voll Fett.
Ich wollte Tage nie beenden
und habe noch nicht verstanden,
dass ich so auch keine neuen beginnen kann.
So wollte ich Kalenderblätter nie wenden
und hielt mich in falschen Monaten gefang'.

Es ist fast so, als wäre ich verflucht,
mich falsch zu verhalten.

Aber kann sich aus dem Falschen
nicht irgendwann
das Richtige
entfalten?

Ich nehme das Leben, wie es kommt

Wo Leere ist,
ist Raum für Wachstum
und gerade das
macht mir so Angst.
Denn es gibt nichts für mich zu tun
und kein Dies oder Das
zwischen dem ich schwank'.
So versuche ich auszuhalten dieses Nichts,
bis es zwischen meinen Augen sticht
und die Unwissenheit bricht.

Doch bis dahin,
ist es ein Weg,
der weniger aus Verlust
oder Gewinn besteht,
sondern aus Abwarten und Däumchen drehen,
verträumt in den Nachthimmel sehen,
nicht mich, nicht dich,
nicht die Welt verstehen
und es auch nicht wollen oder versuchen.
Denn das ist wie Täuschungen suchen
und mit Sicherheit auch finden,
denn das Band des Falsch-Verstehens
lässt sich um jeden Menschen binden.
Manchmal ist es schlauer,
nichts zu wissen.

Dann betrachte ich die Dinge genauer
und muss auch kein Detail vermissen,
weil ich keine Vorstellung davon habe,
wie es richtig auszusehen hat.
Für das Leben bin ich ein dummer Knabe
und ich bin's gerne,
keine Frage!

Ich nehme das Leben, wie es kommt.
Hab aufgehört zu färben schwarz zu blond.
Das Leben trägt gar keine Farbe
und schmeckt auch ziemlich neutral.
Es will gar nicht, dass ich hadre
und lacht bei meinem Gedanken,
ich hätt' eine Wahl.
Drum nehme ich das Leben, wie es kommt
und gerne auf die leichte Schulter.
Das Leben kennt kein Versagen,
so ist dieser Versuch mein nullter.

Ich stecke oft im Zwiespalt
und breitbeinig gehen sieht bescheuert aus.
Wer sich an beiden Seiten festkrallt,
dem reißen schnell die Hosen auf.
So geht nun mal niemals beides
und schon gar nicht jetzt sofort und gleichzeitig

Eine Mahlzeit ist schon reichhaltig,
wenn ich solche bloß aus Süßigkeiten meide.
Doch bitter muss es auch nicht sein
und schade, dass erst sauer lustig macht.
So ziehe ich mir Center Shocks rein,
schnell wird über mein Gesicht gelacht,
das keine innere Freude entfacht.
Das Leben hat da einen anderen Ansatz,
indem es tief geht,
bis ins Mark hinein.
Es räumt auf,
schafft Platz,
für das, was soll sein.
Das tut oft sehr weh
und die Zeiten sind hart,
in denen ich keinen Sinn darin seh'.
Ich schalte dann einen Gang zurück,
nehme mir ein Schokostück,
tunk es ein in den Kaffee.
Ich mach's mir lieber schön, als Sorgen
über etwas, das ich sowieso nicht versteh'.

Ich nehme das Leben, wie es kommt.
Hab aufgehört zu färben schwarz zu blond.
Das Leben trägt gar keine Farbe
Ich bin es, die ihm Farbe aufträgt
und jeden Abend Deutungen in ihr Tagebuch einträgt,
über die das Leben schmunzelt,
manchmal wohl auch die Stirn runzelt
und mir trotzdem immer treu bleibt
und das Beste für mich will.
Einfach indem es mich dorthin treibt,
wo ich lernen kann einen neuen Skill.
Drum nehme ich das Leben, wie es kommt
und manchmal kommt es gar nicht
und manchmal viel zu schnell.
Da bin ich gerade erst ins Bett gegangen
und schon wird es schon wieder hell.
Doch ich nehme, was ich kriegen kann
und fang' damit mein bestes an.

Gefangen sein
im Nicht-Vorhanden-Sein,
kann Freiheit sein
und nicht wie Knast.
Ich sehe es an als einen Gutschein,
der mich leben lässt ohne Hast.
Und heute löse ich ihn endlich ein,
er ist viel zu lange in meiner Schublade versauert.

Das gedachte Leben ist viel zu klein,
weil nur in dem gelebten die Fülle lauert,
auch wenn ich sie nicht bekleide.
Und ohne Vorstellung kann ich nichts verfolgen.
Das ist nicht schlimm,
ich werde geführt.
Ich muss nicht über Möglichkeiten abstimmen,
von denen mich im tiefen Inneren
sowieso keine einzige berührt.

Um mein Glück zu kapieren,
brauche ich Zeugen,
doch mein Pech lebe ich im Dämmerlicht,
um Narben bloß schnell zu kaschieren.
Verlogene Welt
trifft ehrliches Leben.
Es liegt an mir ihre Fäden zusammenzuweben.

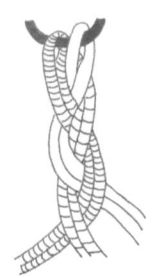

Ich nehme das Leben, wie es kommt
Hab aufgehört zu färben schwarz zu blond.
Das Leben trägt gar keine Farbe
und ist auch nicht dunkel oder hell.
Und es vergeht auch nicht zu langsam
oder an manchen Tagen viel zu schnell.
Ich muss nicht laufen oder hetzen,
darf den Müßiggang wählen.
Das Leben, wie es kommt,
will ich so schätzen,
wie es kommt.
Nicht von Jahren erzählen,
die mal waren oder noch kommen.
Ich greife zu dem was ist,
ziehe es zu mir ins Licht
und darf mich darin sonnen.

So nehme ich das Leben, wie es kommt.
Und es kommt jeden Tag,
jeden Tag aufs Neue.
So zeigt es mir seine Treue,
auch wenn ich mich mal nicht
über sein Mitbringsel freue.
Doch alles ist für etwas gut
oder lässt sich weiter verschenken.
So lasst uns das Leben nehmen, wie es kommt
und nicht, wie wir darüber denken!

Ich und Sie

Ich kann die Schwärze fast greifen,
sie hat mich fest im Griff.
So lasse ich mich fallen,
die Nacht darf den Tag weichen,
doch ich sitze noch immer fest auf diesem Schiff,
das gen Norden steuert
und sich doch nur im Kreise dreht.
Die stets gleichen Gedanken abfeuert,
hinter denen nur Leere steht.
Das Dunkel macht keine Angst mehr,
denn das bin ich.
Ich setze mich dem nicht zur Wehr,
vielleicht vergisst es dann mich,
wenn ich still dulde und leide.
So gerne würde ich mich verlassen auf uns beide.
Doch am Ende bleibe immer nur ich,
mit all ihren Schatten,
die sie nie vergisst.

Es ist nicht so,
dass sie das Leben nicht vermisst,
doch sie geht schon lange
auf diesem Weg.
Tränen tropfen von ihrer Wange,
weil sie trotzdem immer wieder am gleichen Punkt steht.
Der Ort variiert,
doch das Gefühl bleibt das gleiche.

Und je mehr sie von sich verliert,
glaube ich, dass ich nicht reiche.
Ich kann so viel geben,
bis ich nichts mehr habe
und doch werde ich nicht abheben und schweben,
weil ich zu viel trage.
In der Leere bin ich niemand,
so dunkel und leicht,
doch weil ich aus ihr nicht herausfand,
ist es der Nebel, der mich jeden Morgen streift.
Er hüllt sie ein.
Dort muss sie nichts,
doch möchte sie noch nicht mal sein.

Schaut sie in anderer Gesicht,
flammt in ihren Augen auf,
ein klitzekleines Licht.
Doch ist sie zu schwach, dem zu folgen,
denn die Enttäuschung war groß.
Denn auf Liebe folgt bloß
eine einsame Nacht.
Ich fühle mich ohne Menschen weniger allein
und immer tiefer brennt sich mein Anderssein ein.

Ich weiß nicht, wer ich bin
und ich frage mich zu oft,
wer möchte ich sein?
Ich suche nicht, wie alle anderen nach dem Sinn,
sondern einfach nur nach mir.
Meine Hand aufs Herz gelegt,
um mich lebendig zu fühlen,
weil sich sonst ja nichts bewegt.
So schaut sie zurück,
fängt an in alten Wunden zu wühlen.

Heilung braucht Zeit,
doch scheint es so,
als wenn ihre Lebenszeit dafür nicht reicht.
Ihr Weg war so weit,
und doch habe ich so wenig erreicht.
Und weil ich nicht mal mehr Angst hab,
dass das jetzt für immer so bleibt,
und mein Gesicht durch nichts mehr erbleicht,
verliere ich immer mehr Weiß
und sie wird transparent.

So tut's nicht mehr so weh,
wenn sie gegen Menschen wie gegen Mauern rennt.
Doch es gab mal diesen einen,
bei dem sie dachte, dass er sie wirklich erkennt.

Doch all das, was uns verbindet,

ist weniger wert zu dem,

was uns trennt.

Wie wäre ich geworden, wenn ich nicht ich wäre?

Wenn ich nicht darauf höre, wie man mich nennt?

Wenn ich mich auflöse,

was bleibt?

Was ist es, was wirklich am Ende bleibt?

Was ist es, was zählt, wenn man,

egal wie man sich entscheidet,

sowieso immer das Ende wählt?

Die Bleibende

Ich frage mich,
warum ich bleibe,
wenn ich gehen sollte
und warum ich gehe,
wenn es am besten ist.
Ich frage mich,
warum ich radiere,
wenn ich doch schreiben wollte,
sodass man mich unnotiert vergisst.
Wer soll sich an mich erinnern?
An wen möchte ich denken,
wenn ich an mich denk'?
Ich hause immer nur in Zimmern,
weil ich mir bloß das Kleinste schenk'.
Draußen tanzen sie eine Kür,
während ich meine ganzen Schiffe versenk'.
Ich spreche keine Sehmannssprache
und sowieso zu selten aus meinem Herzen.
So staut sich alles in mir auf und bildet eine Lache,
die ich verstecke hinter Humor und schlechten Scherzen.
Das Schlechte ist wie ein Regenguss,
der mich plötzlich übermannte.
Und hätte ich es vorher gewusst:
Ich wäre die, die immer schnell rannte.
Bloß fort,
von allem davon.

Doch durch ständiges Laufen,

verliere ich an Kraft

und auch meinem Auto fehlt längst der Saft.

So bin ich gezwungen zu bleiben

und vielleicht wird es ja besser.

Ich darf dann nur nicht wieder gehen,

weil ich sonst das gute Ende verwässer.

Ein Ende vor dem Ende

führt nur selten zu einem Anfang.

Aber ist es wirklich zu viel verlangt,

dass ich ein Mal gehe mit vollen Händen

und leichtem Herzen?

Ich kenne nur die Schwere und Taubheit,

bedingt durch Schmerzen.

Doch wenn es kein schlechtes Wetter gibt,

sondern nur die falsche Kleidung,

dann habe ich mich wohl bei der Bestellung vertippt,

und der Schlüssel in meinem BH erzeugt Reibung.

Ich habe noch nicht einmal eine Tasche dabei,

ich nenne das "Überfall-Vermeidung".

Doch etwas nicht haben zu wollen,

ist ein Ziel, dass ich nie wirklich erreiche.

Und wenn ich mich immer nur im Kreise drehe,

sehe ich stets das Gleiche.

Ich lebe wohl zu viel im Kopf anderer Menschen,

obwohl das gar nicht geht.

Ich versuche, ihre Köpfe zu durchleuchten,
um zu erkennen,
was in ihnen steht.
Ich versuche, mich anzupassen,
so zu sein wie sie,
dabei wissen sie selbst oft nicht mal,
wer sie sind
und was sie jetzt wirklich bräuchten,
um glücklich zu sein.
Mir fällt da so vieles ein,
und doch trotzdem setze ich alles
auf die andere Karte.
Nein, sie ist kein Freifahrtschein,
eher eine Gelegenheit für falsche Verlegenheit,
damit ich nicht durch Neid und Eifersüchte wate.

Im Dickicht an Meinungen
finde ich nur selten meine eigene.
Doch Wärme entsteht durch Reibungen
und vielleicht bin ich heute mal die Bleibende.

Das Paradoxon Mensch

Ich habe mal gedacht,
das, was ich sage,
wird auch wirklich gehört.
Doch höchstens reicht der Schall
bis in mein nahes Umfeld.
Ich habe darüber gelacht,
was ein Politiker schwört
und dann habe ich mir mal selbst zugehört.
Upps...
Ich ärgere mich über den Krawall
in der Regierung,
doch ernte ich auch keinen Beifall
für meine Lebensverzierung.
Ich zeige auf andere
und habe mich noch niemals angesehen.
Ich bin wie der Zuschauer am Spielfeldrand,
der lautstark brüllend hebt seine Hand
und ruft dem Spieler Anweisungen zu,
dabei traf er selbst nie einen Ball mit seinem Schuh.

Ich habe meinen Blick auf das Große gelenkt
und dabei das Kleine verdrängt.
Ich habe Angst vor dem Weltgeschehen,
kann die Gewalt und den Umgang
miteinander nicht verstehen.

Und dabei vergesse ich zu sehen,
dass ich mir selber oft Hass entgegenbringe,
wieder schnell auf den Zug anderer aufspringe,
und meine Werte wieder einmal verrate,
weil ich Angst habe,
dass ich mit ihnen alleine bin.
Und doch verlange ich,
dass andere sie für mich leben,
ihnen öfter ihr Gehör geben
und etwas dafür tun,
während ich selbst abends vor der Glotze
auf meinem Sofa darf ruhen.

Ich möchte,
dass sich in der Welt etwas verändert,
aber in meinem Leben
darf sich nichts verändern.
Ich habe
alle nicht-abbaubaren Inhaltsstoffe rotumrändert,
und doch habe ich das Putzmittel gekauft.
Ich beschwere mich über die Massentierhaltung
und doch lege ich jeden Morgen
eine Scheibe Wurst auf mein Brot drauf.
Ich trinke Milch von glücklichen Kühen,
dabei weiß ich selbst,
wie oft ich bloß so tue,
glücklich zu sein.
Ich ärgere mich darüber,
dass Wildblumenfelder nicht mehr aufblühen
und kaufe doch das mit Pestiziden
aufgepumpte Gemüse ein.

Aber ich weiß, ich bin klein
und was soll ich schon ausrichten?
Und mein Verhalten lasse ich lieber im Dunkeln,
denn meine Bequemlichkeit
soll niemand belichten.

Also, sag mir,
wo hört das Weltgeschehen auf
und wo fange ich an?

Ich, meine eigene innere Sonne?
Ach, dass ich nicht lache!
In meiner Selbstreflexion bin ich
wie eine Nonne, die nichts besitzt
und so besitze ich nicht einmal mich selbst.
Im Ratschläge-Geben bin ich dann
wie ein Drache, der alle anspuckt
und sich am Ende seiner Tage
an seinen ungelebten Werten verschluckt.

So lasse ich auch das Wetter über mich richten
und es ist Schuld, wenn der Tag ins Wasser fällt,
weil sich meine Laune erst wieder erhellt,
wenn sich die Sonne vor die Wolken stellt,
doch dann wieder nicht viel Schönes belichtet.
Denn es herrscht so viel Mangel in der Welt
und die Erde hat längst Depressionen,
weil wir ihr nach Ernte und Gewinn,
keine Zeit geben, sich zu schonen.

Weil wir Menschen, dadurch,
dass wir immer nur das sehen, was wir wollen
und nicht das, was wir bereits haben,
uns dem Höher-Schneller-Weiter versklaven
und noch mehr Mangel manifestieren.
Ein ewiger Kreislauf,
ein Hamsterrad.
Und fast jeder Mensch hat sein kleines Leben satt.
Doch bloß ein, vielleicht auch zwei Menschen ändern das.
Warum?
Warum so wenige?
Warum nicht ich?

Und wann gibt diese Selbstverleugnerin auf,
die jeden Morgen aus dem Spiegel zu mir spricht?
Ist es, weil ich mich alleine fühle
und all dem hilflos ausgeliefert?

Ich sehe so viele besetzte Stühle
und doch kommt bei jeder Sitzung so wenig herum.
Doch ich möchte nicht nur auf die Politiker verweisen,
denn oft weiß ich auch nicht, was das Richtige ist
und bleibe zu häufig stumm.
Auch in meinen eigenen Kreisen,
läuft so vieles schief und krumm.
Also nein, ich habe auch keinen Masterplan,
keine wasserdichte Strategie.
Doch fängt jeder nicht erst bei sich selber an,
ändert sich diese Welt hier nie.
Also ja, ich rette jetzt erst einmal mich selbst,
mein kleines Leben und meine eigene kleine Welt.
Denn jeder noch so kleine Stein,
sagt aus,
wie verlässlich der Grundstock hält.

Weil es keine Schranke gibt
zwischen Ich und Du,
traue ich mir jetzt zu,
dich zu fragen:
Kommst du mit, retten deine und meine Welt?
Vielleicht sind wir dann ein Licht,
das schüchtern scheint durch ein Spalier.
Und aus vielen Ichs und vielen Dus
wird irgendwann ein **Wir.**

Wenn ich mir heute nicht genüge, wann dann?

Wenn ich versuche mehr zu sein,
mehr zu sein, als ich jetzt bin,
dann werde ich zu weniger,
weil ich nicht mit mir verbunden bin.
Sondern mit der Version von morgen
oder mit der in zehn Jahren.
So als müsst' ich mir noch
Charaktereigenschaften besorgen,
andere Menschen um mich scharen,
und verleugnen, wer ich jetzt bin,
weil ich das nicht sein möchte
und es mir nicht genügt.

Doch ich kann nur nach etwas Neuem fassen,
mit den Händen, die ich heute habe.
Ich kann nur befüllen neue Tassen,
wenn ich meine geleert habe am Ende der Tage.
Nur mit Worten, die ich einst gelernt hab',
lassen sich Sätze sprechen.
Und so lassen sich nur dort neue Werte aufstellen,
wo die alten brechen.

Und durch all das, das ich heute bin,
kann ich überhaupt erst morgen eine and're sein.
Doch bin ich auch heute schon genug,
auch wenn ich schon wieder weiter möchte.

Innezuhalten bringt mich nicht in Verzug,
denn Wachstum geht nicht Stein auf Stein.
Ich traue mich, mich **heute** anzusehen
und für einen kleinen Augenblick
zufrieden mit mir zu sein.
Denn da sind Augen, tief und blau
und kleine Falten drum herum,
sie stellen das Gelachte zur Schau.
Da sind Lippen,
leicht geöffnet
und auch mal zusammengepresst.
Und am Bauch seitlich die Rippen,
die Haut über ihnen zart und fest.
Da sind Beine, die mich tragen
und am Ende je ein Fuß.
Sie kommen mit dir,
ohne zu fragen,
was du da eigentlich tust.
Also bist du dir im Klaren,
was dein Körper wirklich ist?
Lässt du ihn deine Seele mit Stolz tragen?
Oder spielst du in anderer Leben nur Artist,
ohne du selbst zu sein zu wagen?

Sag, was ist es wirklich,
was dich flüchten vor dir lässt?
Und warum du Heute nicht reifen lässt,
sondern schon nach Morgen fässt.
Ich weiß, es ist oft ziemlich schwer,
man selbst zu sein.
Es ist vielleicht deine ganze Jugend her,
aber du bist gar nicht so klein,
wie du dich unter Menschen fühlst.
Und du kannst dich nur dort finden,
wo du nach dir selber wühlst
und nicht nach anderen,
die du gerne wärst.
Denn wenn du auf deren scheinbar
brisanteren Wegen fährst,
kommst du ab
– irgendwann,
verlierst dich ganz
– kommst nicht an.
Also bleib stehen,
atme durch.
Schau dich um,
und dich an.
Kannst du sehen
deine Furcht
vor dir selbst
in dem Moment?

Doch wenn du fortrennst,

dann hallt sie nach

und du dann fällst,

dann liegst du brach.

Hast nichts mehr von heute

und noch weniger von morgen.

Kannst dir keine

anderen Charaktereigenschaften besorgen,

andere Menschen um dich scharen,

und verleugnen deine Narben,

und wer du durch sie bist,

weil du das nicht sein möchtest,

aber nun mal bist,

doch nun auch nicht mal mehr das,

weil auch dein Schatten gebrochen ist.

Wie kommt es, dass du dir nicht genügst,

heute, jetzt und hier?

Du trennst oft Körper von Seele,

doch Körper und Seele sagen (schon längst) *Wir.*

Mein Leben steht auf Pinterest-Zitate

Ich habe da wohl etwas missverstanden,
denn ich bin Zitaten-Sammlerin,
doch lebe ich nicht nach ihnen.
Ich bin ein Ass im Weisheiten-Zitieren,
doch im eigenen Leben
dann eher so 'ne Stammlerin,
die keinen zusammenhängenden Satz
ihres Herzen herausbringt.
Tiefe Worte können Pinnwände
so leicht zitieren,
aber mein Lebenslauf ist es,
der ihnen hinterherhinkt.
Warum leb' ich so sehr nach Kopf
und so wenig nach Herz?
Warum tue ich tagtäglich das Gleiche,
obwohl ich fühle, das ist verkehrt?
Du sollst nach deinem Herzen leben.
Doch fühle ich mein Herz nur noch selten beben.
Ja, vielleicht wiederhole ich nur das,
was ich bereits weiß,
wenn ich rede und nur durch zuhören
erfahre ich etwas Neues.
So strebe ich nur das an,
das man in meinem Land bezeichnet als Fleiß.

Doch in Wahrheit habe ich
mein Leben lang Sätze konjugiert,
weil ich Meinungen aussprach,
die nicht meine sind.
Mein Kopf, der läuft heiß.
Mein Herz, das bleibt kalt.
Und lese ich dann wieder so einen Spruch wie:
Alles, was du aussprichst,
eines Tages zu dir zurückschallt,
nehme ich mir vor,
ich lebe danach.
Bald.
Vielleicht.

Bis dahin gehe ich durch jeden Tag
als wäre er mein Freund,
doch er scheißt auf Freundschaft,
hat mein Glück ganz professionell umzäunt
und stattdessen ganz wahnhaft
die Rolle des Lehrers übernommen.
Und ja,
vielleicht sehe ich meine Zukunft verschwommen,
weil Leben rückwärts Nebel heißt.
Doch jetzt frage ich mich:
Wer denkt sich nur aus diesen ganzen Scheiß?

Ich sehe an mich herunter,
sehe einen Körper,
der ich nicht bin,
sondern den ich habe.
Aber sag, warum stört er
so oft, wenn ich mich frei fühlen will,
aber so vieles auf meinen Schultern trage?
Und so oft behandeln wir
unsere Besitztümer schlecht.
Wenn sie kaputt gehen,
dann werden sie halt ersetzt.
Aber einen Körper haben wir nur einen
und auch hässliche gedachte Wörter
bewerfen ihn mit Steinen.

So habe ich echt versucht,
diesen Selflove-Spruch als Mantra zu nehmen:
You were born to be real, not to be perfect.
und so sehe ich meine Dehnungsstreifen
jetzt an als Specialeffects.
Und es stimmt:
Selflove is the greatest middlefinger of all time
und doch häufen sich die Tage,
an denen ich zu mir selber sage:
„Nein!"
Aber ich weiß:
We are all broken, that's how the light gets in
und in jedem Verlust,
steckt auch ein Gewinn.
Ich frage mich einfach nur,
wenn ich in diesen dunklen Zeiten steck,
wo sind dann all die weisen Worte hin?
Sie spenden mir ja doch kein Licht
und Worte voll von Zuversicht
sind so schwer zu fühlen
und zu glauben,
wenn das Leben in schwarz malt.
Ich weiß, innerer Frieden kommt nicht
durch weiße Tauben,
sondern wenn umgeben von Chaos,
etwas in mir drinnen weiterstrahlt.

Doch manchmal ist dieses Licht in mir
echt schwer zu finden,
but I want to be like a sunflower,
so that even on the darkest days
I will stand tall and find the sunlight.

Ein Zitat, das kann ich nicht so stehen lassen,
denn *I don´t want to fight my whole life.*
das Leben ist kein Kampf,
sollte es zumindest nicht sein.
Und ja, ich komme hier nicht lebend raus,
aber gerade deshalb hole ich die Karte
mit meinem Lieblingszitat heraus:
What if I fall? Oh but my darling, what if you fly?
Und um mich selbst zu zitieren:
Vergänglichkeit tut nur halb so dolle weh,
wenn ich bei jedem Augenblick war dabei.

Jeden Morgen vor dem Kleiderschrank
stehe ich vor der Entscheidung,
ziehe ich meine Träume an
oder meine Ängste.
Rede mir dann gut zu,
das was dir doch nicht gefällt,
das verschenkste,
doch oft ergibt Traum in Kombination mit Angst
das coolste Outfit.

Denn das, was uns wirklich steht,

finden wir dort, wo unsere Angst ist.

Und *sometimes the hardest thing*

and the right thing are the same.

Also los, *play the game*!

Aber mit Freude und Lachen

und lustigen Worten,

die wie Sterne über mich wachen.

Und mich manchmal bloß fragen:

Na, allet frisch im Freinripp-Schlüppi?

Und die Haare vom Grübeln zerzaust wie Strüppi,

ist auch das schwer zu beantworten,

denn immer, wenn ich eine Antwort fand,

änderte das Leben die Frage.

Doch ich weiß ja,

erst wenn ich den Blick über den Tellerrand wage,

reicht mir das Schicksal seine Hand.

Denn *es mischt die Karten*

und wir spielen.

Schade, dass mir nie jemand die Regeln erklärt hat

und so weiß ich nur,

ich soll nicht auf anderer Kartendeck schielen.

Weil mir dann die Klarheit

für meinen nächsten Zug fehlt.

Und so fühle ich mich wie eine Hochstaplerin,

die ihre Spielregeln von Pinterest stehlt.

Doch wenn ich meinen eigenen Weg finden möchte,
darf ich ja niemanden nach dem Weg fragen.
Und so lasse ich mich von Zitaten
über Wasser tragen,
denn *feelings are much like waves*
und nicht dafür da,
dass man auf ihnen aufschlägt sein Zelt.

Ja und Coelho,
ich weiß, dass Routinen tödlich sind
und ich würde ja so gerne Abenteuer erleben,
aber es ist so schwer,
Wissen, Fühlen und Handeln
miteinander zu verweben.
Und dann würde ich echt gerne
mal mit Einstein reden
und ihn fragen:
„Wie hast du es geschafft, dich im Leben
wie auf einem Fahrrad ständig fortzubewegen,
um deine Balance zu halten?"
Auch nach dem dritten Buchhaltungskurs
kann ich meine Energie nicht wirklich gut verwalten.

Und ständig ist es so laut in mir,
ich hab Gedanken wie 'ne Baise in meinem Kopf
und dann sagt auch noch Ram Daise:
Je ruhiger du wirst, desto mehr kannst du hören.
Wie gut, dass ich Probleme zusammenbinde
zu einem Zopf,
sodass sie mich nicht stören.

Und darf ich als reife Erwachsene
noch Walt Disney zitieren:
Alle Träume können wahr werden,
wenn wir den Mut haben, ihnen zu folgen
Jetzt kommt es mir echt gelegen,
Kästners Worte zu beäugen:
Nur wer Erwachsen wird und ein Kind bleibt,
ist ein Mensch.
Kein Wunder also,
dass es so viele Menschen in ihr Unglück treibt,
denn sie folgen weder ihren Träumen,
noch erlauben sie sich, Kind zu sein.
So bleiben viele Gefangene des Systems
– gebrochen und allein.
Denn *die Menschen bauen zu viele Mauern*
und zu wenig Brücken,
um mal Newtons Worte ins Licht zu rücken.
Auch ich verschließe so oft mein Herz,
nur wie soll da Beziehung glücken?

Ach ja, *Glück ist kein Ziel,*
es ist ein Nebenprodukt.
Und auch Aristoteles Worte
habe ich mir für meine Pinnwand ausgedruckt:
Glück ist der Zustand der Seele.
Ich frage mich nur,
warum ich diesen Zustand
dann bloß ständig verfehle.
Ich war wohl noch nie zielsicher
und wusste noch nie, wohin.
Aber ich weiß ja, es ist nur wichtig,
dass ich auf dem Weg bin.
Und ich weiß, ich lerne nur,
indem ich es tue
und aufgebe dieses ständige
bloß Davon-Schwärmen.
Ja und vielleicht lernst du aus diesem Gedicht,
so wie aus der Geschichte,
dass wir überhaupt nichts lernen.

Flüssigkeit und Gefäß

Ich fühle dich noch immer,
dein Geruch hängt in diesem Zimmer
wie Gardinen, die mir zuerst als hübsch
und dann als altbacken erschienen.
Ich dachte, Liebe geht nicht mit Trends
und doch bin ich es,
die unsere als Retro benennt
oder als nicht mehr zeitgemäß.
Bin ich die Flüssigkeit,
warst du das Gefäß.

Ich fühle dich heute noch mehr
als damals, als du neben mir lagst.
Ich weiß nicht, ob es dir leicht fällt
und du uns einfach so abhakst.
Ich dachte, wir wollten nie Listen führen,
und doch bin ich es,
die versucht, dich in deinen
alten Einkaufslisten zu spüren.
Solche Listen sind durch Apps
gar nicht mehr zeitgemäß.
Bin ich die Flüssigkeit,
warst du das Gefäß.

Ich fühle unsere vergangenen Tage.
Planung hielt über Abenteuer die Waage.
Genau das brachte uns aus der Balance.
Doch ich dachte, du warst der Meinung,
dass man lieber nichts riskiert.
Und doch bin ich es,
die deine Sprachnachrichten transkribiert.
Doch sind deine Worte nicht mehr zeitgemäß.
Bin ich die Flüssigkeit,
warst du das Gefäß.

Ich fühle noch heute deinen Atem mich streifen
und läuft unser Lied,
sehe ich es an als ein Zeichen.
Ich tanze dazu
und weiß nicht, wie mir geschieht.
Der Gesang, der bist plötzlich du
und mein Tanz gerät aus dem Takt
und ist irgendwie nicht mehr zeitgemäß.
Bin ich die Flüssigkeit,
warst du das Gefäß.

Jetzt fühle ich mich alleine
und dadurch mich selbst.
Nun sehe ich all deine Freifahrtscheine,
weil ich dich ansehen wollte als Held.

Ich weiß nicht, wie du mich sahst,
aber ich weiß, dass du das jetzt nicht mehr darfst.
Mich ansehen,
als müsste man mich einfangen.
Als wäre ich 'nen cooler Fang,
den man umzäunen kann.
Doch weißt du was,
wo du dachtest, das bin ich,
da fing ich gerade erst an.
Ja, vielleicht klingt das alles
in deinen Ohren nicht zeitgemäß,
aber ich bin so froh, dass die Zeit vergeht
und dass ich uns habe überlebt.
Also zerbreche ich jetzt das Gefäß
und was du mit den Scherben machst,
ist dein Kram,
denn ich bin keine Flüssigkeit,
sondern ein **Ozean.**

Heute bleibe ich zu Hause – in mir

Ich habe immer mehr auf andere,
als auf mich geschaut.
Ich bin 1x mehr eingefroren,
als aufgetaut.
Ich habe versucht zu lachen,
doch nur Staub kam raus.
Und so mache ich tausend Sachen,
die mich nicht glücklich machen,
nur um das zu finden,
das ich nicht haben will.
Ich hänge in meiner Vergangenheit ab
und wundere mich,
warum Nach-Vorne-Schauen so weh tut.
Ich bin überfordert
vom Überfordertsein,
bin überfragt,
ich würde gerne die Antwort sein.
Doch ich weiß nicht, wer ich bin.
Alle auf der Suche nach dem Sinn,
ich auf der Suche nach mir.
Doch es stellt sich nie ein Gefühl von Zuhause ein,
wenn wir ständig unterwegs sind.

Und so nehme ich mir vor,

anzukommen für heute.

Ich mische mich neu,

anstatt mich unter Leute.

Ich sehe andere verschwommen

und mich dafür glasklar.

Durch den Brausekopfblick

nehme ich Schönheiten wahr,

an mir und in der Welt,

die waren vorher nicht da.

So ist es wohl,

wenn man anhält.

So viel schöner und bunter,

geradlinig anstatt drüber und drunter.

Ich kann auf dem Weg aufsammeln,

was mir fehlt,

aber heute bin ich ja gar nicht unterwegs.

So finde ich so vieles in mir.

Ich wusste gar nicht,

dass ich das habe.

Ich brauche gar nicht mehr in die Schule,

lerne so vieles von mir,

wenn ich ich selbst zu sein wage.

Das ist mein größtes Abenteuer,

das ich je erlebt habe.

Ich besiege meine größten Ungeheuer,
während ich durch meine Seelengewässer steuer.
Ruhig und entspannt,
anstatt angespannt und im Kampf.
So fühlt sich mein Leben viel bequemer an.
Ich strande absichtlich in mir,
doch fühle ich mich nicht einsam,
denn ich bin ja hier.
Ja, vielleicht gibt es dort draußen
so vieles zu sehen,
aber was ist, wenn ich all das
auch in mir finde?
Ich muss mich nur mal so richtig betrachten
und mich ergründen anstatt die Welt.
Dabei möchte ich mich anschauen ganz gelinde,
auch wenn mir nicht alles gefällt,
was ich sehe und fühle.
Weil wir Menschen immer etwas finden,
was besser sein könnte.
Aber es sollte nicht an uns liegen
oder der Grund sein,
uns zu verbiegen,
wie stark oder schwach
wir lieben.

Das Listenleben

(Das Wichtigste passt auf einen Notizzettel)

Du zerknüllst den Zettel,
auf dem „Ich liebe dich" steht,
wirfst ihn in den Mülleimer
und hängst im gleichen Atemzug
die To-Do-Liste an den Kühlschrank.
Damit du dir am Ende des Tages sagen kannst,
du hast dies und jenes nicht geschafft.
Indem du deine Schultern straffst,
dein Kinn anhebst,
dir auf die Lippe beißt,
damit sie nicht bebt,
hast du das Gefühl,
dass du im Chaos stehst.
Es ist das Produktivitätsschwert,
das über dir schwebt,
das dich antreibt,
weshalb du immer weiter gehst
und das alles nur,
damit hinter jedem Stichpunkt ein Haken steht.

Warum zerknüllst du die Liebe,
ihr Hilfsangebot?
Warum willst du so verbissen alles schaffen
und nahmst meine Hand nicht,
die ich dir bot?
Warum lässt du deinen Kopf volllaufen
mit Müssen und Sollen?
Hörst du dein Herz nicht,
das spricht von all dem Wollen?
Es stimmt mich traurig,
dass dein Alltag auf einen Notizzettel passt
und dass du deine Prioritäten danach richtest,
was du am wenigsten hasst.
Ich hinterlasse dir tausend Nachrichten,
doch um dich nicht zu noch mehr zu verpflichten,
steht am Ende jeder einzelnen:
„Kannst dich melden, wenn's dir passt."
Doch in Wahrheit zerreißt es mir mein Herz,
dass du unseren Kontakt ansiehst als eine Last.

Hast du eigentlich feste Zeiten
für Chats, Skypen oder Treffen in Cafés?
Und stehen auch Freundesnamen auf deinen Zetteln
punktuell untereinander wie Bäume einer Allee?
Hoffentlich malst du hinter jedem wenigsten ein Herzchen.
Ich möchte nichts zum Abhaken sein.

Und sag,
verlierst du dich hin und wieder auch mal in Scherzchen
oder passt das in deinen Zeitplan nicht hinein?
Ich würde so gerne mal mit dir tauschen,
um dir zu zeigen,
was du alles nicht erlebst,
nur weil es nicht auf deiner Liste steht.
Denn du kennst nur die eine Form des Rauschens,
das in deinen Ohren,
wenn der Stress unaushaltsam wird.
Doch es gibt auch noch das von Meeren,
durch das dir dein Kopf nicht noch mehr schwirrt.
Es gibt Meditationen
oder Lieder,
die dir Entspannungszonen öffnen können.
Und ich sag's dir gerne immer wieder:
Es gibt mich.
Ich wäre so gerne da für dich.

Doch jetzt frage ich mich,
wofür stehst du morgens auf?
Steht auch Kaffee-Kochen auf deiner Liste drauf?
Schreibst du sie am Morgen oder am Abend?
Und arbeitest du linear
oder eher nach Gefühl vorantrabend?

Doch jetzt frage ich mich,

wofür stehst du morgens auf?

Steht auch Kaffee-Kochen auf deiner Liste drauf?

Schreibst du sie am Morgen oder am Abend?

Und arbeitest du linear

oder eher nach Gefühl vorantrabend?

Steht bei dir auch so oft,

neben vielen neuen Punkten,

plötzlich etwas von gestern wieder da?

Wie reagierst du,

wenn ungeahnte Züge des Schicksals dazwischenfunken?

Ich würde mir mal gerne deinen Stift leihen

und ein Wort zwischen deinen Punkten einreihen:

P A U S E

Und dann komme ich zu dir nach Hause,

wir öffnen zwei Flaschen Fassbrause

und reden frei und ungezwungen,

nicht nach List und Protokoll.

Beenden den Tag mit Decken fest um uns geschlungen,

ohne das der Tag mit To-Do's war voll.

Und wenn ich dann gehe,

dann sage ich zu dir:

„Du bist auch ohne etwas zu leisten unheimlich toll!"

Doch ich weiß,

ich rede mir da nichts ein,

den nächsten Tag wird es dann wieder so sein:

Andere hängen Bilder an die Wand
und du kunterbunte Post-its.
Sie suchen nach der helfenden Hand
und fragen nach ihr wie früher als Kids.
Doch du meinst,
du musst alles schaffen allein
und dabei auch noch glücklich erschein'.
Doch trägst du selbst dein Lächeln
wie ein Post-it auf deinen Lippen
und deinen Augen fehlt die Beleuchtung,
denn du ziehst an den falschen Strippen.
Für dich ist Schwäche gleichgesetzt mit Bitten.
Und jetzt würde ich dich so gerne bitten,
um einen Tanz mit mir.
Aber nicht nach den traditionellen Schritten,
sondern so, dass wir unser Gleichgewicht verlieren.
Denn auch Torkeln und Taumeln,
hin und her gerissen
zwischen zwei Optionen baumeln,
ist leben.
Vielleicht ist leben auch ausschließlich das
und ich bin mir ziemlich sicher,
dass ein Leben nicht auf ein Notizzettel passt.

Auf Tiefgang

Sinnsuchend durchstreife ich das Tal.
Durchschwimme Meere,
begegne 'nem Wal.
Er lehrt mich das Treibenlassen
und indem meine Hände durch die Fluten fassen,
merke ich,
dass nichts gehalten werden will.
Mit diesem Wissen steht die Zeit
plötzlich still.
Denn dann ist auch nichts vergänglich.
Ich kann nichts verlieren,
wenn ich nichts besitz'.
Das mag jetzt klingen wie ein Witz,
doch genau das macht mich reicher.

So treibe ich weiter,
durch Korallen und Seetang.
Ich bin so ungreifbar wie Wasser,
weshalb ich mich nicht in ihnen verfang'.
Ich bin so dynamisch
wie dieser Glibberschleim als Kind
- nur krasser.
Passe mich allem an,
ohne mich selbst zu verraten,
denn ich fange gerade erst an,
öfter das Schweigen zu wählen,
denn im Leben zählen die Taten.

Sinnsuchend besteige ich 'nen Berg,
sehe das Tal unter mir in Panorama.
Ich begegne einem Bären,
- ok, jetzt bitte kein Drama.
Ich gebe mich seinem Blick hin.
Er lehrt mich,
mich nicht zu wehren,
weil es oft nichts bringt.
Und Menschen, die immerzu
in Kampfhaltung sind,
verlieren die Gelassenheit
und denken oft schon viel zu weit
an: „Was ist, wenn...?"
und „Bin ich wirklich schon bereit?"
Doch wenn ich eines sicher weiß,
dann das:
Die Antworten erhältst du nicht
nach einer Zeit des Wartens,
nur durch mutiges Starten.
Der du dir wünschst zu sein,
kannst du erst werden,
wenn du deine Spuren hinterlässt
hier auf Erden.
Und dabei ist es egal,
welche Form sie tragen.
Lass uns gemeinsam die Norm
hinterfragen.

Ich würde dich gerne Huckepack tragen,
aber gehen musst du selbst,
weil du nur so herausfinden kannst,
ob dieser Weg dir gefällt.
Doch das heißt nicht,
dass ich dich alleine lass',
weil deine Hand dafür viel zu gut in meine passt.
Doch bewahren wir uns
einen lockeren Griff,
weil man sonst zu schnell vergisst,
dass auch Wege auseinander gehen,
sich Mond und Sonne nicht immer
gegenüber stehen
und jeder für sich selber strahlt,
wenn seine Zeit gekommen ist.
Und egal, wer den nächsten Drink bezahlt,
vielleicht geht er auch aufs Haus,
das Leben kann dir alles geben,
doch kommt es darauf an,
was du machst daraus

Hey du Grammatiker:in

Hey du,
warum redest du kein Wort?
Dein Blick, der ist so traurig,
dass er sich in mein Herz bohrt.
Ich weiß, es liegt so viel auf deinen Lippen,
ich seh's in deinen Augen.
Doch deine Mauer kann nicht kippen,
denn du denkst, niemand wird sie glauben
oder sich gar für sie interessieren.
Und so nickst du lieber brav,
lächelst zart,
während ihre Worte dich passieren.

Hey du,
bitte nutze doch deine Stimme.
Das erfordert zwar etwas Übung,
so wie sicher schwimmen
auch nur funktioniert,
indem ich ganz viel schwimme,
aber es kommt die Stund',
da hast du mit Stolz agiert
und dich über Wortstolperer bloß amüsiert.
Denn seine Meinung zu sagen,
tut man nicht,
damit man auf möglichst viel Anklang trifft.

Vielmehr geht es darum,
deine Werte zu leben,
dich selbst nicht zu verraten
und damit,
vielleicht auch etwas winzig kleines,
auf dieser Welt zu bewegen.
Denn etwas Weltbewegendes,
muss nicht riesen groß sein.
Ganz so wie Worte,
die besser anzunehmen sind,
wenn wir sie nicht laut schrein'.

Hey du,
ich weiß, in dir steckt so viel Sorge,
was andere über dich
und dein Leben denken.
Doch keines dieser Leben
spielt die gleichen Akkorde
und es wäre so fatal,
deines in die gleichen Richtungen zu lenken.
Also los, sprenge die Grenzen
und überlege weniger,
ob die Grammatikregeln
auf dein Leben übertragbar sind.
Denn wenn du deine Stimme senkst,
ist dein Satz nicht gleich zu Ende.

Und wenn du laut denkst,
vergisst du gerne mal die Anführungszeichen.
Doch warum musst du Zeichen geben,
wenn deine Stummheit endlich darf weichen?
Grausam, diese wörtliche Rede mit all ihren Zeichen
und ihrem hartnäckigen Begleitsatz,
der sich nicht abhängen lässt
und sich wie Dreck an die Hacken presst.
Denn wenn du ihn hinten anstellst
oder noch schlimmer, ihn einschließt,
wird es nur noch komplizierter.
Und deine innere Lehrerin
nur noch frustrierter.
Und ob dein Satz ein Prädikat hat,
weil es nur dann ein wirklicher Satz ist,
ist doch so was von egal.
Ich stelle mir auch Rechtschreibfehler
mit Vergnügen ins Regal.
Und wenn dein Satzbau mal falsch ist
und dein *das* ein *s* vermisst,
zählt es doch nur,
dass das, was du zu sagen hast,
niemand mehr vergisst.

Schon jahrelang stehen Fragen auf deinem Plan,
doch dich verstand nie jemand richtig,
weil deine Stimme keinen hohen Ton annahm.
Du bist nur Tiefen gewöhnt
und du bewertest sie als nichtig.
Doch weißt du,
all diese tiefen Töne
sind für die Antworten wichtig.
Doch bitte gebe dich nicht
mit dem Standard-Satzbau zufrieden,
Subjekt-Prädikat-Objekt
bringt Wachstum zum Erliegen
und deine Seele zum Gähnen.
Eine Argumentation musst du
auch nicht damit beginnen:
„Ich möchte noch erwähnen, ..."
Du darfst mit der Tür ins Haus fallen,
Daten, Fakten, Ansichten
schonungslos auf den Tisch knallen
und du brauchst auch keine seriöse Quelle,
aus der sich speist deine Meinungswelle.
Einen Fakt, ja, den darfst du dir als Beispiel nehmen:
Im Deutschen das Genus zu bestimmen,
das geht echt schlecht,
denn was man äußerlich sieht,
wird dem Inneren nicht immer gerecht.

Und ich habe da noch zwei Bitten:

Erstens,

bitte schließe dich keiner Gruppe der n-Deklaration an,

denn Geschlechtervielfalt sollte überall gelten

und es gibt einfach noch zu wenige

regenbogenfarbene Welten

hinter den verschlossenen Türen.

Und eine Frage sollte in deinem Kopf zelten:

„Wie sehr kannst du das, was du sagst, spüren?"

Zweitens,

bitte spreche möglichst viel im Aktiv,

denn du solltest stets im Handlungsstrang deines Lebens

dich in den Vordergrund begeben.

Und jede:r, die:der dich objektiviert,

dich bezirzend mit Adjektiven drapiert,

bitte sag mir,

dass dieser Mensch deine Zuwendung verliert.

Hey du,

sei dir selbst dein treuester Weggefährte

und egal,

was Wechselpräpositionen für einen Fall fordern

und ob das Fragewort „wohin" oder „wo" heißt,

ist es nur wichtig, dass du losgehst,

auch wenn es so aussieht,

als wurde ein Komposita geordert

und du den Weg nicht weißt.

Feuerwehrrettungshubschraubernotlandeknopfherstellermaschine

und Lebensmittelfarbenplakatierungsgesetzartikel

mögen dich erst einmal begraben wie eine Lawine

doch sind gerade sie das Vehikel,

dein Selbst wahrwerdenzulassen.

Und je länger dein Weg,

umso schwieriger kannst du ihn verpassen.

Traue dich, ein:e Laie zu sein

und Sachverhalte verbal auszudrücken

anstatt nominal,

auch wenn die Nominalisierung

zum gehobenen Sprachgebrauch gehört,

oder meinst du,

weil ich dich jetzt leidenschaftlich küsse,

wurde die Leidenschaft des Kusses zerstört?

Ist es denn wirklich so wichtig,
sich den Nebensatz zu sparen?
Ich für meinen Fall möchte doch einfach nur
möglichst viel über dich erfahren.
Ob im Imperativ, Ausruf oder in Klammern,
ob in selbstbewusster Stimme oder in Jammern.
Bei mir darfst du alles sein,
denn jedes Regelwerk ist für dich zu klein.

Ist dein Verb stark oder schwach gewählt,
ist doch bloß wichtig,
was es über dich erzählt
und wie viel du dich in ihm wiedererkennst.
Und auch wenn du dich mal
in Schachtelsätzen verrennst,
bist und bleibst du für die Welt ein Geschenk.
Also lass uns weniger Angaben
mit Präpositionen-Nomen-Konstruktionen machen
und stattdessen über unsere
nicht vorhandenen Grammatikregeln lachen.
Ein Leben lebt sich freier
ohne anderer Regeln.
So lass sie uns aushebeln,
auf deinen und meinen Werten segeln
und ganz wir selber sein.
Bei Regen und Sonnenschein,
Tag aus, Tag ein.

Und...

Hey du,
wenn du sprichst,
trägst du dich selber im Gesicht.

Das gefällt mir.

Zeitungsfabrik

Ich lese in mir
wie Artikel auf Zeitungspapier.
Es gibt so viele Seiten von mir,
da kriege ich lahme Arme.
Ich bin noch dabei zu üben,
mich zu halten.
Und anstatt der warmen Worte,
wähle ich manchmal die kalten.

Doch meine Gedanken,
die liest niemand Korrektur
und meine ganzen Facetten
durchlaufen keine Zensur.
Und auch meine Gefühle
schauen nicht auf die Uhr,
ob ihre Daseinsberechtigung
vielleicht schon längst verfallen ist.
So sage ich manchmal etwas,
da weiß ich gar nicht, wer spricht.

Vielleicht muss ich Menschsein noch lernen
und eine Ausbildung machen
in der Zeitungsfabrik meiner Seele,
sodass alles gut geprüft ist,
bevor Aussagen verlassen meine Kehle
und mein Körper sich in Bewegung setzt.

Denn so mancher Zeitungsartikel in mir,
bei dem wünscht ich mir,
dass ihn jemand zerfetzt
oder die Veröffentlichung rückabwickelt.
Doch ich habe schon so viele Schmierblätter vollgekrickelt
und dann alles feinsäuberlich abgetippt.
Und eigentlich achte ich ja darauf,
dass ich nur das von mir lesen lasse,
bei dem mein Gegenüber mit dem Kopf
von oben nach unten wippt.

Ich glaube,
manchmal kann ich meine eigene Handschrift
selbst nicht mehr lesen
und die Tage, an denen ich sie auch noch verstand,
sind schon lange her gewesen.

In der Zeitungsfabrik meiner Seele geht es heiß her
und mein Herz, das schlägt auf Hochtouren.
Doch die Absatzzahlen stellen sich noch immer quer
und schon früher,
als andere Fabriken die Rankinglist hochfuhren,
musste ich diese eine Sache erst finden,
für die ich stehen will
und das ohne, dass alle anderen Themen in mir still
oder paukenschlagend verschwinden.

Weil es die Zeiten erfordert,
bin ich mit Fragen beschäftigt wie:
Wie produziere ich klimaneutral?
Wie kann ich Ressourcen schonen?
Wie ist alles an und in mir nicht bloß eine Zahl?
Und wie kann ich jeden einzelnen Artikel genderneutral
und antidiskriminierend vertonen?
Wie kann ich Minderheitsgruppen in mir stärken?
Und nein, es reicht nicht,
ein Regenbogen auf die Titelseite zu drucken.
Und ich sehe mich auch in der Pflicht,
mich nicht vor unangenehmen Themen zu ducken.

Manchmal ist es wie ein Nachrichtenoverload,
der mein System überhitzen lässt.
Und manche Abteilungen sind schon fast tot,
denn die bestanden nicht den Test,
durch den sie gesellschaftsakzeptabel sind.
So heißt es *Mehr so tun als ob*
und so ist der Grünton meiner Wiesen eher so ein mint
- künstlich erzeugt.

Alle Zeitungsblätter liegen zerstreut
und ich tackere sie zusammen,
um mich zusammenzuhalten.
- Autsch!

Ich werde mich jetzt wie eine Zeitung zusammenfalten
und versuchen, klein und unscheinbar
mit der Gesellschaft Schritt zu halten.
Doch es ist kein Rückzug,
meine Zeit, die wird kommen.
Jetzt will ich erst einmal lernen,
wie ich **mich** klar sehe
und nicht mehr so verschwommen.

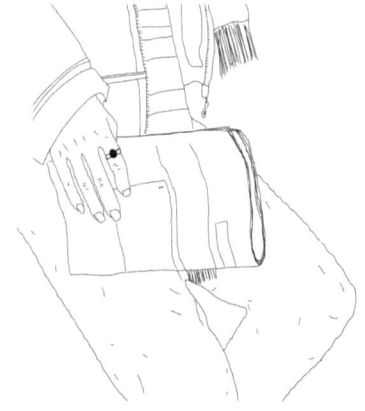

Liebe Influencerin

Du nimmst dein Handy in die Hand
und klickst auf eine rosa Kachel.
Du merktest nicht,
wie schnell deine Zeit dahin schwand,
in der du nichts geschaffen hast von Bestand,
denn du sitzt alleine in deinem Zimmer.
- so wie immer.
Beim Content erschaffen,
mit der Hoffnung, dass er viral geht,
verlierst du deinen Zugang
zu deiner Kreativität.
Verschiedenste Instagram-Apps
schmücken dein Telefon,
Fotos schießen, schneiden, bearbeiten
als deine Abendattraktion.
Stellst dein Leben absichtlich auf monochrom
und bei deiner Stimme veränderst du den Ton.
Du bist mehr Filter als du selbst,
weniger gelebt und mehr gestellt.
Und du vergisst,
dass das, was du von einem Menschen siehst,
nur ein kleiner Teil ist von seiner Welt.
Du weißt nicht,
durch welchen Schmerz er sich begibt
und ganz sicher ist es nicht diese App,
die ihn dabei hält.

Und wer wird sich nach hundert Jahren,
noch an deine Posts erinnern?
Ein Feed ist so schnell gelöscht
und der Trend-Neujahresvorsatz heißt,
seine Bildschirmzeit zu verringern.
Weil sich rot mit lila beißt,
musst du schnell noch dein Shirt
für das Reel wechseln,
denn sonst passt es nicht rein
in dein Design.
Und aus Angst, dass dich niemand hört,
stellst du zu den Topzeiten etwas online.
130 000 Likes
und trotzdem allein.
In Halbwahrheiten lässt es sich nicht
wahrhaftig leben.
Und zu virtuellen Menschen
keine echten Beziehungen pflegen.

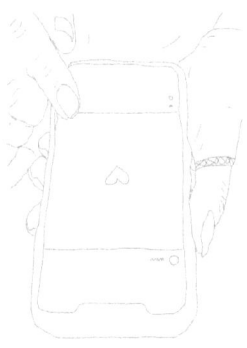

Der neue Sport ist,
zwischen on- und offline zu tanzen
und jeden Morgen prüfst du erstmal
deine Instagram-Bilanzen.
Du lebst dein Leben in quadratisch
und deine Geschichte in einer Zeichenanzahl begrenzt.
Doch deine Finger sind apatisch,
sodass du das echte Leben schwänzt,
dich in Profilen verrennst
und siehst, was du nicht hast, aber zeigen musst.
In deinen Storys lachst, obwohl du weinen musst.
Etwas sagst, obwohl du nichts zu sagen hast.
Deine Community
über einen pinken Button etwas fragst,
für die tägliche Interaktion,
um deine Reichweite zu halten.
Doch hinter jedem Klick steckt eine Person,
mit dem gleichen Hass
gepaart mit Faszination
für diese App
und Bildern in quadratisch
und in monochrom,
ihre Geschichte in Zeichen begrenzt,
in ihrem Content statisch,
obwohl sie in echt in so vielen Facetten glänzt.

Authentizität hat ihre Grenzen
hier auf dieser Plattform.
Niemand sieht, was hinter deiner Kamera liegt
und weiß, wie lange du brauchst,
bis du deine Zweifel und Ängste besiegst
um vor dein Handy zu treten.
Dann für keine Hate-Kommentare beten,
Gott hat sich seinen Job wohl auch anders vorgestellt.
Und bei jedem Klick auf die kleine Kachel,
sich die Sorge hinzugesellt,
dass deine Reichweite fällt.

Doch hast du mal von deinem Handy aufgesehen,
dich umgesehen und gesehen,
dass es auch andere Formen gibt?
Dass Farben, die nicht zusammenpassen
zum Beispiel in deinem Gewürzregal stehen?
Würdest du von Filtern mal die Finger lassen,
würdest du sicher verstehen,
dass Falten wunderschön sein können,
zu deinen Erfahrungen passen
und Zeichen der Tiefe deines Lebens sind.

Doch während dein Profil wächst,
sitzt du bloß auf deinem Sofa.
Vielleicht solltest du dich mehr
auf dein Wachstum konzentrieren,
als auf das deines Accounts.
Und dich in Gesprächen
Angesicht zu Angesicht verlieren,
anstatt dass du über
dein explodierendes Postfach staunst.
Kinder spielen nicht mehr Mario Kart,
sondern wie lässt sich der Algorithmus besiegen.
Bald lernen sie in der Schule
nicht mehr Kurvendiskussion,
sondern wie sie ihn analysieren.

Haben wir die Welt dort draußen so sehr versaut,
dass es eine Parallelwelt braucht,
in der weniger gelebt
und umso mehr gestellt wird?

Hast du Lust,
daraus?

Die erste eigene Wohnung

Ich kratze Tapete von den Wänden,
lasse Reste vergangener Leben zu Boden fallen,
die nun nass und zerrissen enden.
Tapetenfetzen aufgeladen
mit vergangenen Gesprächsfetzen
und Streitigkeiten.
Doch müsste ich schätzen,
noch mehr von liebevollen Entschuldigungen.
Denn in jeder Familie gibt es Zeiten,
in denen sich Liebende
in verschiedene Richtungen rennen,
sich dann aber doch immer wieder
zueinander bekennen.
Denn Farben lassen sich übermalen
und Worte sich revidieren.
Mal nicht so gut zusammenzupassen,
und auseinanderzubrechen,
bedeutet nicht gleich,
sich vollends zu verlieren.

Ich kratze Lebensreste von den Wänden,
die nie zu mir gehörten
und ein Stück weit jetzt irgendwie doch.

Weil auch der Abfluss nicht mehr gut roch,
habe ich alles bereits Gelebte hinunter gespült.
Es ist nicht so, dass mich die Kaffeeflecken
und Katzenkratzspuren störten,
doch möchte ich meine eigenen Spuren hinterlassen.
Denn nicht immer kann Gebrauchtes passen
und ich brauchte all das jetzt einfach neu.
Ich bin ja selber noch dabei, mich zu suchen
und zu wandeln,
und doch bleibe ich mir immer treu.

Ich klatsche Farbe an die Wand,
doch hat das Leben
mir schon lange nicht mehr applaudiert.
Also feiere ich mich selbst!
Ich stoße an auf ungelebte Träume!
Ich bin dankbar für jede Träne, die fällt,
denn sie eröffnet Räume
für Heilung und Wandel.
Und in den Räumen, in denen ich jetzt lebe,
existiert nur ein Prinzip, nach dem ich handel
und das ich fest mit jeder meiner Tat verwebe.
Es nennt sich Liebe
und ich tanze in ihrem Takt durch die Räume
und durch mein Leben.
Sind meine Träume aufgebaut auf ihr,
wird es keine ungelebten geben.

Der Mensch erlebt sich gerne in Gesellschaft
und auch ich befinde mich gerne in ihr.
Doch passiert es dann manchmal,
dass ich mich in ihr verlier'.
Also lasse ich gerne Menschen in mein Haus,
nicht jeden,
nach einer Zeit auch gerne wieder raus,
weil sie in mir viel bewegen.
Ich bin dankbar für das Reden,
Lachen und in die Arme nehmen.
Doch das Gefühl des Rastlosseins
kann ich nur im Alleinsein zähmen.
Und wenn man im Leben wirklich irgendwann mal
ankommt,
dann bin ich das für heute.

Die Luft schmeckt nach Neubeginn,
und auch wenn ich in Fußbodenspalten
noch alte Kinderperlen find',
ist es Zeit die vergangenen Stunden hier zu begraben,
damit die folgenden Tage ihre eigenen Namen tragen.
Manchmal ist zurückzuschauen schön,
aber oft hält es mich fest.
Ich verharrte im Bekannten als mein sicheres Nest.
Doch Fotos verblassen,
hängen sie zu lange an der Wand.
Ich habe bereits jedes einzelne Detail
von ihnen auswendig gekannt.
Wenn man etwas zu lange betrachtet,
bewegt es sich irgendwann.
Alles um mich drehte sich weiter,
nur ich kam nicht voran.
Und die neuen Bilder an den Wänden
stellen ungeahnte Perspektiven dar.
Denn das, was man sich aus dem Herzen heraus
vor Augen führt,
wird eines Tages wahr.

Aber ja, auch hier gibt es noch diese Tage,
an denen ich alles hinterfrage.
Da werden Zweifel riesengroß,
mein Mund wird trocken,
im Hals bildet sich ein Kloß.

Doch sehe ich das Leben an als einen Fluss,
der auch mal Dürrephasen hat.
Und das Floß, mit dem ich fahr',
hält auch Sturm stand
- manchmal nur knapp,
lief oft auf Sand,
wenn ich's nicht vorhersah.
Doch wenn ich immer vorher alles wüsste,
wäre ich nicht heute da,
wo ich jetzt bin.
Oft begreift man später erst den Sinn,
vom Guten und vom Schlechten,
von dem Glück und vom Ungerechten.
Der erste Blick ist oft verschleiert,
der zweite von Wünschen verzerrt.
Der dritte ist dann wohl der, der feiert,
dass er einfach nichts versteht.
Doch so lange man sich das Fühlen nicht verwehrt,
ist man auf dem richtigen Weg.
Und meiner brachte mich hierher.
Er war lang und oft nicht leicht,
doch jemand hat mal zu mir gesagt,
die Starken werden durch
die schwierigsten Aufgaben geweiht.

Und so bin ich noch dabei, meine zu lösen
- nein, abschreiben ist nicht drin,
weil alle Menschen um mich herum,
niemals der Mensch sind, der ich bin
oder sein werde.
Denn in dieser Wohnung existiert jeden Tag
eine andere Version von mir.
Ich möchte mich immer weiterdrehen wie die Erde
und ganz egal, wo ich mal ankomme,
- denn wer weiß das schon?
Ich bleibe ich,
auch wenn ich sterbe,
denn reine Seelen wird die Vergänglichkeit verschon'.

Veränderungen sind schwer,
aber diese hier ist gut.
Ich weiß nicht, was da kommt,
aber ich fühle in mir den Mut,
mich in diesen Wänden hier zu verrennen,
um nur wieder zu erkennen,
dass ich noch nie genau wusste, wohin.

Doch jetzt soll das kein Argument mehr dafür sein,
dass ich dort bleibe, wo ich bin.
Denn ich möchte jeden Tag jemand anderes sein.
Ich möchte mal hell, mal dunkel,
mal in blau oder grün erschein'.

Ich bin gerne mit jemandem zusammen,
aber noch lieber bin ich allein.
Auf meinem Klingelschild steht *Freiheit*
und das ist nicht nur Titel, Bezeichnung, Wort
oder Gefühl.
Es ist Lebenszustand, Sinn, dieser Ort
und das zerwühlte Bett am Sonntagmorgen
oder auch am Donnerstag,
weil ich mit der Leichtigkeit
nicht bis zum Wochenende wart.

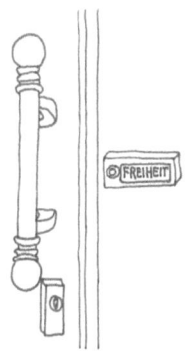

Nun kann ich die Dachfenster nicht öffnen ohne Stuhl,
doch weil klein zu sein nicht für innere Größe spricht,
und die Bereitschaft für inneren Wachstum
als mein stärkstes Tool,
durch das ich dem Schmerz ins Gesicht schaue
und die Aussicht genieße,
wenn er nachts an diesem einen Stern zerbricht,
dessen Name „Liebe" ist,
fühle ich mich stark und so lebendig,
denn nur Selbstliebe ist beständig.

Der Mensch erlebt sich oft als scheiternd,
doch wirken Fehler horizonterweiternd.
Und darum mache ich ganz viele,
denn der Horizont ist mir noch nicht nah genug.
Ich finde, die Dachgeschosswohnung
ist schon ein kluger Versuch,
ihm näherzukommen
und nach ihm zu greifen.
Doch wird mir durch die Erdanziehungskraft
das letzte Stück genommen
und so bleibt er mir verwehrt.
Doch ist es ja so,
dass man das, was man will,
aber nicht bekommen kann,
nur um so mehr begehrt.

So frage ich mich,
kann das hier ein Anfang sein?
Und ich bilde mir ein,
weil Orte Menschen formen,
dass ich hier jegliche Form ablege.
Auch wenn abgeschliffene Kanten
sich besser mit Normen verstehen,
war es so, dass ich mich erst wirklich erkannte,
als ich ließ alles an mir bestehen.

Ich weiß, ich bin oft nicht leicht zu tragen
und aufgrund mancher Verhaltensweisen
würde mich der ein oder andere
gerne mal zum Teufel jagen,
doch bin ich alt genug,
um auf eigenen Beinen zu stehen
und wer nicht bleiben möchte,
der kann gerne gehen.
Doch meine Tür bleibt geöffnet,
ich lehne sie manchmal nur leicht an,
damit ich geschützt bin vor den Räubern,
aber auch vergeben kann.

Es war mit Anstrengung verbunden,
die Fenster zu säubern
und Moos zeigt nur nach Norden,
doch ich möchte meinen Ausblick nach Süden richten
und die über Jahre herangewachsene Sorgen
liebevoll auf einen Scheiterhaufen schichten.
Denn auch Scheitern gehört nun mal dazu.
Doch ist das nie das Ende,
sondern immer erst der Anfang.
In diesen Wänden bin ich aufgewachsen,
mit Fara und Fu
und doch fühlt es sich nicht wie zurückkommen an,
sondern wie ein großer Plan,
den ich in die Tat umsetzen kann.

Weil vieles anders kam,
als ich geplant hab,
ist, dass ich hier jetzt stehe,
nicht mein Verdienst,
sondern derer, denen ich gerade in die Augen sehe.

Ein Dank an meine Familie!

Kind der 90er

Ich erinnere mich an Bibi Blocksberg, Klick
und „Mama, du musst umdrehen!",
an Buffalos
- sie gab es eher in protzig als schick -
und an Anrufe über Marcophono,
bei den sollte man lieber nicht rangehen.
Ich erinnere mich an zähe blaue Schlümpfe,
als Weingummi oder auf CD.
Und wenn ich bei einem immer noch die Nase rümpfe,
dann ist es der Geruch von Scoubidou-Bändern.
Wenn *Full House* läuft, sagt noch jede „Ach herrje!"
und jedes Kind hat es geliebt,
lässig und cool mit Kaugummi-Zigaretten
die Straße entlangzuschlendern.

Ich erinnere mich,
ich bin noch in den Wald gegangen,
anstatt mir Blätterrauschen auf YouTube anzuhören
und ich habe noch Versprechen mit Fingerzeichen besiegelt,
anstatt auf meine Mutter zu schwören.
Ich erinnere mich ans Tagebuch schreiben,
das die Aufschrift
„Vorsicht! Streng geheim! Explodiert beim Öffnen" trug,
anstatt zwischen gestellten Fotos auf Instagram zu treiben
und meinen Kummer dort zu posten.

Mir war es schon genug,
jede dicke Handytaste fünf Mal drücken zu müssen,
damit sich die SMS macht auf den Weg
und zum Glück gab es auch noch kein TikTok,
denn wir haben die peinlichsten Videos gedreht.
Meine neueste Errungenschaft war keine Switch,
sondern ein beschnitzer Stock
und der einzige Grund,
warum ich stundenlang vorm Bildschirm hockte,
war das „Oho" eines Chatprogramms
oder die Euphorie,
wenn ich bei Snake gewann.

Ich erinnere mich an Schüler-vz und Gruppen, wie
„Ich bin nicht schüchtern, ich will wirklich nicht mit dir reden!",
„Wer ist eigentlich dieser Lan
und warum macht er so viele Partys?",
und auch Zukunftsaussichten ließen sich hegen:
„Wenn alle Stricke reißen, werde ich halt Pokemon-Trainer."
„Ich bin gar keine Gruppe, ich putz hier nur."
Und die Aussagen über sich selbst
sind heute bestimmt auch nicht souveräner:
„9 von 10 Stimmen in meinem Kopf sagen, ich bin irre.
Eine summt."
„Wir Dorfkinder wissen wenigstens noch,
dass Kühe nicht lila sind."

Und jeder Erwachsener hat darauf gehofft,
dass Furby endlich verstummt,
dieser sprechende, singende und tanzende Vogel
und jedes Kind hat sich gefragt,
wie es bloß ein weiteres neues Kuscheltier hereinmogelt.
Ich erinnere mich an die Versuche
beim Einradfahren zu grüßen
und an eine Maus mit XXL-Füßen.
Doch neben Diddl-Blättern
habe ich auch Furzkissen gesammelt,
und nach dem Einsatz bei der Familienfeier
Entschuldigungen gestammelt.

Ich erinnere mich,
als ich das erste Mal Verantwortung übernahm,
indem ich ein Tamagotchi bekam.
Doch kindliche Interessen sind nicht von Dauer
und ich untersuchte lieber andere
neue technische Geräte genauer.
So schwebte es tot als Engel auf dem Bildschirm
und ich wechselte zum Gameboy inklusive Donkey Kong.
Mit dem Älterwerden habe ich dann
meinen eigenen Walkman bekomm',
um all die selbstgebrannten CDs zu hören.
Denn mit *„Wer hat die Kokosnuss geklaut"*,
„Theo, mach mir ein Bananenbrot"
und *„Wer hat an der Uhr gedreht"*
konnte man ja nur stören.
Ich erinnere mich, jede lernte den Macarena-Tanz,
auch wenn niemand den Text singen konnte.
Doch schon bald eröffneten sich neue Horizonte,
indem Techno und Jumpstyle auf der Bildfläche erschienen.
Und Filme mussten mit einer Videokassette
aufgenommen werden,
anstatt sie wie heute einfach übers Internet zu streamen.

Ich erinnere mich an Versuche,
den Gummibärtrank selber zu mischen
und Mäusespeck und Esspapier waren das Highlight
unter den Nachtischen.
Aber auch Hubba-Bubba-Kaugummi
und Schleckmuscheln durften nicht fehlen
und niemand traute sich,
Glitzersticker aus dem Stickeralbum zu stehlen.
Nebenbei beschäftigten uns Fragen
wie *Was gibt es neues aus Entenhausen?*
Und ich musste mit meinem Bruder
feste Zeiten im Kalender eintragen,
um mit Highspeed durch das Internet zu browsen,
denn die Leitung ließ sich schnell überlasten.
Ich erinnere mich, jeder trug Klick-Armbänder,
auch wenn viele das Anlegen hassten.
Genauso lästig war Coca-Cola-Eis zum Quetschen,
das dann aus der Tüte sprang,
es war zu spät, es aufzufang'
und es landete im Dreck.
Kind weinte,
Mutter sagte schulterzuckend:
„Pech!"

Ich erinnere mich an Geburtstagspartys,
da war alles neon und kunterbunt,
so wie die Süßigkeitenketten um meinem Hals.
Und ich verfolgte lieber Pippis Suche nach dem Spunk,
denn ich hasste diese Werner-Filme
genauso sehr wie Vitamalz.
Ich erinnere mich an Windowcolour,
von dem manch eine heut noch etwas hat.
Und an 99 Luftballons,
das Lied haben meine Eltern heute noch satt.
Dabei war mein Lieblingslied
Der Mörder ist immer der Gärtner,
auch wenn ich es noch nicht verstand.
In meiner Jugend schmückten dann Poster
aus der Bravo meine Wand.
Und so wuchs auch mein Scout-Ranzen
zum Eastpak heran.
Nur vor Dr. Kawashimas Gehirn-Jogging
wollte ich mich verschanzen
und spielte lieber Nintendogs.
Ich erinnere mich, wenn die Musik aus war,
hieß das „Stop!"
und „heiß, heiß, heiß!" ich war nah am Topf.
Ich erinnere mich, als Deutschland sucht den Superstar
noch wirklich lustig war.
Und an Cappy-Mützen,
die irgendwie auch lustig waren.

Jedes Mädchen wollte sich mit Gel-Stiften rüsten,
bei manch einem Geburtstag
sind wir in die Eishalle gefahren
und Tattoos trug man als Ketten,
und nicht auf den Brüsten.
(Also, ich will ja wohl bitten!)

Bestimmt hast du erraten,
um welche Jahre es geht
und sicher weißt du jetzt,
dass ein Kind der 90er vor dir steht.

Ablenkungsmanöver

Ich versinke in anderer Leben,
anstatt zu malen, zu basteln, zu schreiben
und mich damit selbst zu kreieren.
Ich screenshote, was andere tragen,
anstatt mich mit mir selbst zu kleiden
und mich mit all meinen Seelenaccessoires zu verzieren.
Ich tauche ab in bunte Abenteuer
in Film oder Buch.
Mein Leben selbst find ich so langweilig
wie die Steuer,
so bin ich in ihm lieber nur zu Besuch.

Abends auf dem Sofa schwärme ich nicht von meinem Tag,
sondern frage mich,
wie ich all das Erlebte nicht an mich heranlasse
und zwischen gedruckten Worten begrab'.
So sind meine Sorgen
wie getrocknete Blätter,
zwischen Buchseiten gepresst.
Und mein Gestern bekleidet mein Morgen,
so hänge ich lieber in Serien fest.
Auch wenn Handlungsstränge abzusehen sind,
vertreiben sie meine eigenen Gefühle wie der Wind
und ich bin mehr dort
als hier,
näher an Fiktion
als bei mir.

Ich wünsche mir doch nur,
mein Leben wähle auch die Version
des stetigen Happy-Ends.
Doch wie es wohl jeder so kennt,
habe ich das Ende vor Müdigkeit verpennt.
Wäre mein Leben ein Abspann,
oh Gott – hätte ich Angst!,
weil wohl jemand anderes die Hauptrolle gewann
und auch als Filmregisseurin ist ein anderer Name genannt.
Doch ich will es nicht wahrhaben
und so schaue ich nicht hin.
Weil ich ja eh viel zu versunken
in anderer Geschichten bin.

So ein kitschiger Film streichelt meine Seele
und zeigt mir doch auch auf,
wonach ich mich sehne
und dass ich mir als meine große Liebe fehle.
Ich nehme das Leben zu ernst
und mich selbst zu wenig.
Ich habe das Lachen verlernt
und schaue es mir bei anderen an.
Und mein Leben ist sehnig,
- nicht zart, aber dafür voller Spannkraft.
Meine Leinen sind stramm,
an denen ich mich halte gefang'.

Aber dafür ist ja in Büchern alles möglich
und zu seinen Gefühlen zu stehen auch nicht tödlich.
„Wie finde ich bloß raus,
wer ich bin?",
frage ich mich,
während ich bereits geschriebene Geschichten weiterspinn'.
Und wenn mir das Ende nicht gefällt,
na dann denke ich mir halt ein anderes aus
oder haue eine schlechte Rezension raus,
während ich Angst um mein eigenes habe,
auf das ich nicht schaue
oder mich bloß beklage.
Ich zähle mein Leben in Büchern und Filmen
anstatt in Tagen.
Ich erzähle anderen von neuen Serien,
damit sie nicht nach meinem Leben fragen.
Denn dort gibt es nichts Neues zu finden.
Spannung finde ich nur auf Bildschirmen,
wenn Helden sich in Ruhm winden
und Bösewichte am Ende – ein Glück – verschwinden.
Doch das Böse in mir verleugne ich
und meine Heldin habe ich noch nicht kennengelernt.
Und ja, es kann schon sein,
dass mich jede Geschichte in Buch oder Film
nur noch weiter von mir entfernt.

Dort sehe ich,

was ich selbst nicht erlebe,

dass ich selbst eigentlich gar nicht lebe,

weil ich auf dem bequemen Sessel festklebe.

Und wenn ich bloß Gedanken anderer lese,

lerne ich nie, meine zu verstehen

und wenn ich Träume anderer wahr werden sehe,

wird es nie dazu kommen, dass ich meine lebe.

Heute Abend, da lasse ich den Fernseher aus

und die Tage vergehen,

während das Buch unangetastet einstaubt.

Ich habe das Schreiben begonnen,

am Wochenende den Brocken erklommen

und jetzt gerade betrachte ich versonnen

mein Ticket in ein fernes Land.

Denn was ich durch all die Bücher und Filme verstand:

Ich muss mich auf die Reise begeben,

um meine Geschichte zu erleben.

Liebe ist alles – Ist Liebe alles?

Ich habe Halsschmerzen von den Worten,
die ich niemals habe gesagt.
Und so viele Chancen erschweren mein Herz,
denn ich habe niemals nach ihnen gefragt.
Weil ich immerzu wenig verlange
und mich bei der Suche nach dem Mehr
in Selbstzweifeln verfange,
hält mich dieses Leben fest in seiner Zange.
Und ich hatte schon immer Angst vor Enge
und dann doch wieder zu wenig Mut,
sodass ich keine Grenzen sprenge.
Indem ich kleiner werde,
werden all die Gedanken größer,
die mich niedertrampeln wie wildgewordene Pferde.
Doch auch ich brauche eine Herde,
ich habe sie nur noch nicht gefunden.
So fühlt sich das Alleinsein langsam so an,
als wenn ich sterbe.
Ich bin in der Welt zu Hause,
nur unter Menschen irgendwie nicht.
Und indem ich durch das Netz browse,
bekomme ich so viele Antworten,
nach denen ich nie gefragt habe.
Es gibt so viele Sorten
von richtig
wie von Äpfeln, Eis und Pflanzen zusammen.

Doch meine scheint irgendwie durchsichtig
und ich fühle mich gezwungen, Leinen aufzuspannen
und nur helle Wäsche an sie zu hängen.
Doch Helligkeit gab es bei mir noch nie in Mengen.
Und so schließe ich den Tab
und mische mich unter die Menge.
Nehme Urlaub von mir,
weil ich mich zwischen all den Masken
selbst nicht mehr erkenne.
Doch wie immer
geht auch der viel zu schnell vorbei.
So ergreife ich Partei
für mehr Urlaubstage,
denn die Reise ist lang von mir weg
und wieder zu mir hin.
Vor allem, wenn ich so viele fremde Worte
mit mir trage.
Und Gedanken bis in Sackgassen verfolge,
mich der Mehrheit beuge
und jede einzelne tiefe Sehnsucht
nur aus weiter Entfernung beäuge.
Doch auch aus der Entfernung kann ich es spüren
diesen Drang, jemanden zu berühren.
Doch nichts berührt mich mehr,
so kalt bin ich geworden.

Ich lasse alles und jeden von mir abprallen,
nur mein eigener Atem klingt nach
in meinen Ohren.
Der letzte Rest Lebendigkeit,
ich halte ihn mir warm.
Und meine Gefühle habe ich angekettet,
denn sie waren noch nie zahm.
Und sind dafür vielleicht auch gar nicht da.
Doch ich weiß auch nicht,
wofür ich hier bin.
Ich weiß nur,
dass ich bisher jede Hürde alleine nahm.
Und mich dabei fast schon selbst verlassen hätt'.
Doch irgendwie halte ich dann doch immer
zu sehr an allem fest,
zum Glück auch an mir,
bis es mich festhält.
Ich wünschte, ich könnte mich selber halten
und mir das geben,
wonach ich mich sehne.
Und ich habe es wirklich versucht,
indem ich die Liebe zähmte.
Doch sie ist immer wieder ausgebrochen,
brachte das Blut in meinen Adern zum Pochen
und taute wieder die Frage auf:
„Ist es einzig die Liebe mit einem Menschen,
die ein glückliches Leben macht aus?"

Ich würde mich gerne dagegen wehren,
doch tief in mir weiß ich, es ist wahr.
Das muss ich wohl auch nicht weiter erklären,
denn ohne die Liebe wäre kein einziger von uns da.

Was mich hier hält

Ich glaube,
ich glaube manchmal zu wenig.
An mich,
an das, was ich mir wünsche
und dass ich es verdiene.
Ich überschütte meine Träume mit Arsenik
und beim Zerfall vor meinen Augen,
verziehe ich keine Miene.
Ich fühle mich in Stein gemeißelt
und mein Schicksal längst besiegelt.
Doch weil auch Stein nicht alles hält,
habe ich den Zugang
zu meinen Träumen fest verriegelt.
Doch mein Herz zeichnet Bilder
und meine Fantasie folgt ihnen nach.
Es stellt auf neue Ortsschilder
und mein sicherer Plan, der liegt brach.
Doch es tut weh, etwas zu verlieren,
auch wenn man es gehasst hat,
einfach weil es einem
mittlerweile so gut gepasst hat.

Ich glaube,

ich glaube manchmal zu viel,

an die Worte anderer,

an Plan B

und dass ich nur den verdient habe.

Und durch meinen Glauben daran,

trat auch nur das zutage,

wodurch Plan A niemals Gelegenheit gewann.

Ich verneine mich selber

und hoffe auf jemanden, der mich bejaht.

Und wenn ich mir selber etwas sag, wie:

„Du musst etwas ändern!",

und als nächstes denke:

„An mir.",

ist es so wie beim Gendern.

Bloß durch eine veränderte Sprache

heißt das nicht,

dass ich meine vorausgegangene Geschichte verlier'.

Und ich wollte noch nie hochstampeln,

hatte doch immer Höhenangst.

Doch weiß ich,

Hoffnung findet erst Erfüllung,

wenn man das tut,

wovor man bangt.

Ich glaube,

ich glaube manchmal zu schnell.

Beende zu früh die Nacht

und das Licht blendet mich grell.

Ich weiß nicht, was es mit dir macht,

aber Warten ist wie mein Leben in anderer Hände zu legen.

Und wir haben alle schon früh gelernt,

wir bewegen erst etwas, wenn wir uns bewegen.

Doch ich fühle mich eher auf eine Luftmatratze liegend,

der die Luft entweicht.

Und ich frage mich, warum mein Mut für Text,

aber nicht fürs Leben reicht.

Ich würde gerne ‚anstatt den Stift nehmen,

einen Schritt gehen.

Ich weiß nicht, ob mein Glaube mich behindert

oder stärkt.

Und was genau ist denn dieses Gute

und ist es all das wert?

Ich glaube,

ich glaube manchmal zu langsam.

Was mein Herz längst weiß,

kommt in meinem Verstand erst an,

wenn ich so manch dumme Tat

nicht mehr rückgängig machen kann.

Ich öffne mich kurz,

nur um mich dann noch fester zu verschließen.

Und all die Sehnsucht sprühe ich ein mit Gift,

so kann Verlangen nicht sprießen.

Ich trete auf der Stelle,

im Kleid der Unnahbarkeit.

Ich bin ein Roboter,

kein Mensch

und kommt dann die nächste Welle,

ist es wie ein Kurzschluss,

der mich verbrennt.

Im Rückzug schaue ich nach vorn.

Aufgeben, das ist meine Norm.

Und manchmal verfluche ich diesen Glauben,

der mich dennoch weiterführt.

Denn er will mich meiner Dunkelheit berauben,

doch ich will nicht mehr, dass mich etwas berührt.

Weil Licht aufkeimt,

wenn man Hoffnung spürt.

Doch mein Sicherungskasten hat einen Wackelkontakt

oder das Auf und Ab meines Lebens einfach satt.

Und so mache ich das Einzige,

was ich wirklich gut kann.

Ich schreibe über Glaube und Hoffnung,

denn sie sind es,

die mich hier halten gefang'.

Alkohol

Ein volles Glas in meiner Hand
und ich weiß,
nur durch seine Leere bleibe ich unerkannt.
Denn ich weiß Unsicherheit und Schmerz
gehören hier nicht hin.
Genauso wenig wie diese Angst,
die ich irgendwie schon bin.
Jeder einzelne Schluck macht es erst möglich,
dass ich bei Berührungen nicht zusammenzuck'.
Enge und Nähe erscheinen mir tödlich
und bloß die steigende Promille verursacht,
dass ich mich nicht duck'.
So tanze ich mit fremden Händen auf meinem Körper,
dabei wünsche ich mir keine schmierigen Komplimente,
sondern tiefgründige Wörter.

Ich wünsche mir, dass ich leise sein darf,
ohne übersehen zu werden.
Ich wünsche mir nüchterne Küsse,
ohne das Gefühl dabei zu sterben.
Doch ich werde dazu animiert,
das Glas an meine Lippen zu heben,
um mich ausgelassen
und nicht mehr länger schüchtern
zur Musik zu bewegen.
Ich solle loslassen und locker sein.

Also kippe ich mir einen weiteren Kurzen
in den Mund hinein.

So tanze ich ohne etwas zu fühlen
und der Alkohol schreibt in mir sein Gedicht,
um mein panisches Herz zu kühlen.

Den Morgen danach erkenne ich mich nicht wieder.
Und Ekel durchläuft mich,
denn ich spüre seine Berührungen auf meinen Gliedern.
Die Schminke zerlaufen,
genau wie ich selbst.
Weil im Rausch all das glitzert,
was nüchtern betrachtet zusammenfällt.
Und doch mache ich weiter,
um nicht alleine zu sein,
obwohl ich weiß,
unter diesen Menschen bleibe ich immer allein.
Ich wünsche mir,
meine Emotionen wären nicht so ein Klotz am Bein.
Und die einzige Lösung,
dass ich nicht hinke,
scheint Alkohol zu sein.

Also sitze ich hier wieder,

mit jedem Schluck zwinge ich die Panik in mir nieder.

Jede tanzt frei zu diesen Liedern,

die mich im Schlaf noch verfolgen.

Und ich warte nur auf die Nacht,

in der ich mich entschließe,

mich ihnen zu beugen.

Denn ich hab keine Kraft mehr,

dieses Mädchen zu sein,

das sich versucht,

durch Alkohol von ihren Sorgen zu befreien.

Die Wahrheit ist,

sie holen mich jedes Mal ein.

Und so wie ich heute auf der Tanzfläche stehe,

all die Menschen mit Masken

um mich herum tanzen sehe,

ist es mir egal,

dass ich nicht zu ihnen gehöre.

Denn ich tat es noch nie.

Und so kommt es,

dass ich gehe

und mich heute Nacht

für den Schmerz in mir entscheide

und nicht mehr für die durch Alkohol erzeugte Kopie.

Mehr als das

Ich bin mehr als das, was du siehst.
Ich bin mehr als eine Frau
in ihren Zwanzigern,
mehr als ein Körperbau,
der schmal gebaut ist
und mehr als eine, bei der du dich meldest,
wenn du tiefe Gespräche vermisst.
Denn ich bin mehr als das, was du siehst.

Ich bin mehr als eine Sportlerin,
die sich für sich selbst bewegt
und nicht für Preis oder Gewinn.
Mehr als Motivation und Disziplin,
und mehr als all die Kosenamen,
die man mir hat verlieh'n.
Ich bin mehr als das, was du siehst.

Ich bin mehr als ein kreativer Geist,
mehr als eine sich der Kunst-Hingebende,
und mehr als eine,
die immer eine spirituelle Antwort weiß.
Ich bin mehr als eine Psychische-Krankheit-Überlebende
und mehr als eine stille Kriegerin,
oder Reim-Wettbewerb-Siegerin
und du weißt sicher, ich bin keine Überfliegerin
und doch bin ich mehr als das, was du siehst.

Ich bin mehr als ein mittelgroßer Körper
mit kleinen Brüsten,
mehr als eine,
die sich selbst heilt durch poetische Wörter
und mehr als eine,
die sich versucht,
vor verletzenden Liebesbeziehungen zu rüsten.
Ich bin mehr als eine Wenn-die-nur-wüssten-Denkerin
und mehr als eine Gedichte-Verschenkerin.
Denn ich bin mehr als das, was du siehst.

Ich bin mehr als eine Meditierende,
mehr als eine Sich-In-Tagträumen-Verlierende
und ich bin mehr eine Narben-Tragende
als Narben-Kaschierende,
und trotzdem mehr als eine Introvertierte,
die sie selbst zu sein,
für die Gemeinschaft riskierte.
Und doch bin ich viel mehr als das, was du siehst.

Ich bin mehr als eine Hochsensible,
mehr als eine Strukturierte als Flexible
und mehr als schüchtern und abwartend,
denn ich warte oft bloß auf den richtigen Moment,
um zu starten.
Ich bin also mehr als das, was du siehst.

Ich bin mehr als eine Studentin,
mehr als eine,
die ihr wenig Geld zusammenhalten muss
und mehr als eine,
die am liebsten ihr Fahrrad nimmt,
anstatt Auto oder Bus.
Ich bin mehr als Mondbewanderte
und Hobby-Astrologin,
mehr als eine, die durch Täler wanderte
und in allem sucht den Sinn.
Ich bin mehr als das, was du siehst.

Ich bin mehr als eine Lehrerin,
die Kindern etwas lehrt,
ohne sie zu belehren.
Mehr als eine, die Aufgaben verteilt,
mit dem Versuch,
anderer Kindheit nicht zu erschweren.
Und mehr als eine Korrigierende,
die rot nur ungern nimmt.
Ich bin mehr als eine Sich-Verlierende,
wenn Klaviermusik beginnt.
Ich bin mehr als das, was du siehst.

Ich bin mehr als eine Schriftstellerin,
die ihre Schrift nur selten ausstellt,
mehr als eine, die etwas zu sagen hat
und es doch nicht immer zeigt der Welt.
Ich bin mehr als das,
was ich von mir lesen lasse
und mehr als eine Sich-Nicht-Verformende,
nur weil ich nicht überall hineinpasse.

Ich bin mehr als du siehst
und weniger als du denkst
und manchmal wünschte ich mir,
ich würde weniger darüber nachdenken,
was du über mich denkst,
mit welchen Adjektiven du mich benennst.
Aber ich möchte, dass du weißt:
Ich bin mehr als das,
wie ich spreche, wie ich schreibe,
wie ich zusammenbreche, wie ich mich groß zeige.
Ich bin mehr als das Wie und mehr als das Was.
Ich bin das, was ich bin.
Ich bin nicht festzumachen,
weder äußerlich, noch in mir drin.

Weltenpuzzle

Wolkenverhangen zieht meine Freude
an mir vorbei.
Ich traue mich nicht,
nach ihr zu fassen,
aus Angst, das setzt Tränengüsse frei.
Denn was liegt vor der Freude
und was dahinter?
Manchmal, wenn ich die Welt,
Menschen oder dich genauer beäuge,
überkommt mich der Winter.
Und egal,
wie warm ich mich auch anzieh',
der Schneesturm in mir zwingt
mich in die Knie.

So oft schon schenkte ich dir ein Lächeln,
obwohl ich innerlich schrie.
Ein Herz vergisst nie
und auch meine Seele nur schwer.
Dabei ist das mit uns
nun schon so lange her.
Ich weiß,
ich war nicht unvorbelastet.
Im Gegenteil,
ich war durch schwarze Flecken geprägt.

Doch bist du trotzdem nicht gleich
fort von mir gehastet
und du hast dadurch die Samen der Liebe
in mein Herz gesät.
Doch der Wind weht den Samen weiter,
sodass es Menschen
in verschiedene Richtungen verschlägt.
So kommt es,
dass sich meine Welt weiterdreht,
obwohl da jemand fehlt.

Heute denke ich viel nach.
Über dich und mich und meine Welt.
Ich frage mich, ob sie mir gefällt
und wo ich sie vielleicht erweitern darf.
Denn wer immer alles kennt,
sieht irgendwann nicht mehr hin.
Und wer das Unbekannte
als Gefahr benennt,
versperrt sich vor dem tieferliegenden Sinn
seiner Existenz.
Ja, an dieser Stelle ist es mir egal,
ob du mich als Spiri benennst.
Denn ich sehe,
wie der Leistungsdruck deine Wahrheit bremst.
Auch ich habe lange ein Leben
mit angezogener Handbremse geführt.

Meine Laune ließ sich erst heben,
als ich tat, was mich berührt.
Weil jedem Menschen Ruhm gebührt,
einfach weil er ist,
legte ich die Ketten ab,
an denen man hier
den Wert eines Menschen misst.

Mit Wolken habe ich begonnen.
Wie finde ich jetzt zu ihnen zurück?
Mein Gedicht ist
in verschiedenen Themen zerronnen,
die bilden je ein Puzzlestück.
So wie auch ich
ein unvollständiges Puzzle bin
und es auch mal überschüssige Teile gibt,
mit denen ich nicht weiß wohin,
hat jeder einzelne Mensch,
so wie er heute ist,
in diesem Weltenpuzzle seinen Sinn.
Denn sieh nur hin,
schaue was hinter den Augen liegt.
Eine Seele, wie du und ich.
Eine Seele, die liebt.

Mama hat ihr Handy lieb

Was die Mama sieht:
Ich sehe eine Hand am Kinderwagen,
in der anderen mein Smartphone.
Acht neue Nachrichten.
Ach, jetzt mal alle zu beantworten,
kann ja nicht schaden,
mein Baby sagt ja eh gerade keinen Ton.
So höre ich, rede ich,
schreibe ich, lese ich,
mich nach Hause.
Den Spaziergang habe ich echt gut genutzt,
habe quasi WhatsApp, Insta
und Telegram reingeputzt.
Und mein Baby...
hm, schaut mich mit großen Augen an
und ist immer noch nicht eingeschlafen.
Was soll so ein Spaziergang
zum Einschlafen bitte taugen?

Was das Baby sieht:

Ich sehe eine Hand am Kinderwagen,

in der anderen ein Gerät.

Mama bekommt große Augen.

Warum, wird sie mir sicher gleich sagen.

Doch ich höre nur eine fremde Stimme,

die Mama den neusten Durchschlaf-Hack verrät.

So höre ich, schaue ich,

fühle mich allein, schlafe nicht.

Wir sind zu Hause.

Der Spaziergang hat mich verwirrt.

Mama hat allen Menschen

– bekannten und fremden – zugehört,

nur nicht mir.

Und ich...

Hm, ich wünschte, ihre Augen gelten mir,

sodass ich unter ihrem Blick endlich schlafen kann.

Warum sind wir sonst zusammen rausgegang'?

Ein paar Jahre später.

Was die Mama sieht:
Ich sehe einen Turnbeutel in meiner Hand,
in der anderen mein Smartphone.
Im Kindergarten was heute Turnhallen-Tag,
ich wollt meine Kleine gerade fragen,
wie sie es fand,
doch da macht mein Handy einen Ton.
Eine Freundin, die mich braucht
und mein Chef, der leider auch.
Während ich in Textmessages
und Memos abtauch',
spazieren meine Kleine
und ich langsam nach Haus.
Sie summt, ich tippe.
Sie erzählt, ich nicke.
Dann stehen wir an unserer Gartenpforte.
Schweigend.
Hm, warum sagt sie denn nichts mehr?
Habe ich vergessen, dass ich antworte?

Was die Kleine sieht:

Ich sehe meinen Turnbeutel in Mamas Hand,

in der anderen ihr Handy – wie immer.

Im Kindergarten war heute Turnhallen-Tag,

und ich möchte Mama so gerne erzählen,

wie ich es fand,

doch geht von ihrem Handy aus

ein leuchtender Schimmer.

Wohl jemand, der sie braucht,

dabei brauche ich sie doch auch.

Doch während ich

in die bunten Abenteuer vom Tag abtauch',

macht sich nach einem Blick hin zu Mama

Einsamkeit breit in meinem Bauch.

Sie tippt, ich summe.

Sie nickt, ich verstumme.

Dann stehen wir vor unserem Haus.

Schweigend, aber nicht still,

denn Mama macht ihr Handy nie aus.

Das habe ich jetzt verstanden,

so gebe ich auf.

10 Jahre später.

Was die Mama sieht:
Ich sehe das Handy am Mittagstisch
liegen neben dem vollen Teller.
Ich betreibe Konversation,
doch das Handy ist schneller
und gibt von sich einen Ton.
Es blinkt auf
und die Augen meiner Tochter auch.
Egal, was ich frage,
sie erzählt nichts von ihrem Tage,
wahrscheinlich weil ich keinen grünweißen Hörer
auf meiner Haut trage.
So spieße ich in mein Essen,
schweigend wird gegessen.
Sie schlingt, ich esse gar nichts.
Sie grinst, ich bekomme Panik.
Habe ich meine Tochter verloren
an dieses Ding?
Und brachte die Gesellschaft
oder ich sie dahin?

Was die kleine Große sieht:
Ich sehe mein Handy am Esstisch
liegen neben meinem vollen Teller.
Mama versucht mal wieder mich auszuquetschen,
doch ich warte nur darauf,
dass mein Schwarm und ich uns online endlich matchen.
Mein Handy blinkt auf
und mein Herz pocht ganz laut.
Mama fragt wieder irgendwas,
merkt sie nicht, dass es mir gerade nicht passt?
Ich rede lieber mit meinen Freunden
durch ein grünweißes Fenster
und sie tut gleich so, als wäre ich ein krimineller Gangster.
Sie spießt seufzend in ihr Essen,
schweigend wird gegessen.
Ich in schnell, sie in Zeitlupe.
Ich grinste, sie erschrickt wie durch eine Hupe.
Schon mein ganzes Leben lang
war ein Handy nicht nur irgendein Ding,
es war der treue Begleiter
seit meinem Lebensbeginn.

Vielleicht dreißig

Vielleicht ist es das Leben,
das mich liebt,
wenn ich es selbst nicht kann.
Vielleicht ist meine Geschichte noch nicht geschrieben,
sondern sie fängt gerade erst an.
Vielleicht ist 30 nur eine Zahl
und die Wahl liegt bei mir,
ob ich sie mit Sorgenfalten oder einem Lachen verzier'.
Vielleicht bin ich viel näher dran
an meinen Träumen
als ich gerade denke
und ich kann immer neu anfangen,
wenn ich meine Kraft nicht an
vergangene vermeintlich ungenutzte Zeit
verschenke.

Ich wüsste gerne,
wie ich meinen Träumen näher kommen soll,
wenn ich mich von mir entferne.
Ich lebe in meiner Zukunft
oder klebe an meiner Vergangenheit.
Mein Handlungsspielraum ist geschrumpft,
weil ich mich in meiner Gegenwart nur selten zeig'.
Ich treffe mich nur überall dort an,
wo ich nicht sein will.
Und ich habe das Gefühl,
mir läuft die Zeit davon,
endlich dort anzukomm',
wo ich sein will.
Die Stimme in meinem Kopf
treibt mich an ganz laut und schrill.
Es fühlt sich an wie ein Tinitus
und desto mehr Visionen ich mir
hinter mein drittes Auge stopf',
wird er lauter,
weil ich all das ja irgendwie auch erreichen muss.
Und das mit fast dreißig...

Vielleicht ist es das Leben,

das mich liebt,

wenn ich es selbst nicht kann.

Vielleicht ist meine Geschichte noch nicht geschrieben,

sondern sie fängt gerade erst an.

Vielleicht ist 30 nur eine Zahl

und die Wahl liegt bei mir,

ob ich sie mit Sorgenfalten oder einem Lachen verzier'.

Vielleicht bin ich viel näher dran

an meinen Träumen

als ich gerade denke

und ich kann immer neu anfangen,

wenn ich meine Kraft nicht an

vergangene vermeintlich ungenutzte Zeit

verschenke.

Gefühle sind so eine Sache für sich,

und doch so schnell austauschbar.

Ich habe den Umgang nie gelernt,

sodass ich oft auf fremden Straßen fahr'.

Ich hab mich oft abgelenkt,

dadurch meine Zeit verschenkt,

habe der Gesellschaft gesagt,

sie habe mich abgedrängt,

doch mit fast dreißig ist es wohl so weit,

da wird sich reiner Wein eingeschenkt.

Jetzt frage ich mich,
wo sind all die Gefühle geblieben.
Die Freude, Verspieltheit und Neugier?
Immer wenn ich sie suche,
steht bloß die Ernsthaftigkeit Spalier.
Ja, so einen treuen Begleiter,
den wünsche ich mir schon lange.
Doch jeder Mann in meinem Leben
küsst mich bloß auf die Wange.
Ich dachte mal, in diesem Alter
ist schon jede längst verheiratet
und dass sie jeden Abend am Kinderbett
'nen Gute-Nacht-Spruch spricht.
Doch ich, ich suche noch immer den Schalter
fürs Auf-Eigene-Beine-Stehen,
bin mehr Tochter als erwachsene Frau,
denn ich sehe mich noch schüchtern
hinter Papas Rücken stehen,
mich schutzsuchend an Mamas Schulter anlehnen,
als wäre es gestern gewesen.
Ich verbrachte meine Zwanziger zu wenig am Tresen,
mit 'nem Glas in der Hand.
Und wollte ich doch mal was trinken,
wurde ich als zu jung benannt.

Gefühlt bin ich gerade erst ausgezogen,
habe mein Auslandsjahr nicht bloß verschoben,
sondern gestrichen,
sodass meine Bucket-List-Punkte
linierten Blockblättern glichen.
Jetzt gibt es irgendwie vieles,
das ich an mir streichen würde,
aber …

Vielleicht ist es das Leben,
das mich liebt,
wenn ich es selbst nicht kann.
Vielleicht ist meine Geschichte noch nicht geschrieben,
sondern sie fängt gerade erst an.
Vielleicht ist 30 nur eine Zahl
und die Wahl liegt bei mir,
ob ich sie mit Sorgenfalten oder einem Lachen verzier'.
Vielleicht bin ich viel näher dran
an meinen Träumen
als ich gerade denke
und ich kann immer neu anfangen,
wenn ich meine Kraft nicht an
vergangene vermeintlich ungenutzte Zeit
verschenke.

Ich konnte nicht für Reisen oder Haus sparen,

bin noch dabei, den Studienkredit abzuzahlen.

Und so werde ich leise,

wenn andere mit ihrer Weltreise prahlen,

fühle mich beschämt,

weil mich andere ständig zum Essen einladen,

ich würde gerne Gegenleistungen geben,

doch ich kann mir nicht viel leisten,

aber was heißt denn

dreißig sein?

Ist es nicht bloß eine Zahl,

als Definition für ein Menschenbild zu klein

und kein Fixpunkt oder endgültige Wahl,

an dem Mann oder Frau dies und das erreicht haben muss,

sondern durchaus noch herausfinden darf,

was das Dies und Das überhaupt ist.

So wird leiser mein Tinitus,

ich atme erleichtert auf

und sage mir ins Gesicht:

„Es ist nie zu spät!

Liebe dich!

Weil du viel mehr als dein Alter bist."

So sind es das Leben und ich,
die mich lieben,
und wir beide glauben daran,
meine Geschichte ist noch nicht geschrieben,
sondern sie fängt hier mit 30 gerade erst an.
Denn 30 ist nur eine harmlose Zahl
und die Wahl lag bei mir,
sodass ich sie nun mit einem Lachen verzier'.
Ich spüre es,
ich bin viel näher dran
an meinen Träumen,
als ich mit 29 noch dachte
und ich kann immer neu anfangen,
wenn ich meinen Körper und meine Seele,
mit dem, was sie fühlen, achte.

Nach der Krise ist vor der Krise

Es ist ja so,

egal, wie ich mich in

bestimmten Situationen entscheiden werde,

die Welt dreht sich weiter.

Ich mochte schon immer Pferde,

aber war nie ein guter Reiter.

Tut mir leid, dass ich hier nicht gender,

doch das hätte den Reim versaut.

Und oft ist es so,

dass Mensch sich ein Nest aus Rechtfertigungen baut.

Und vieles mag und diesen Traum hat,

und doch nichts dafür tut.

Denn träumen fällt leicht,

aber zu leben kostet Mut.

Doch jetzt nach der Krise,

denn ich hatte ja viel Zeit,

ist der Moment des Aufbruchs,

denn ich bin mir näher gekommen

− vielleicht.

Anstatt hetzen und kaufen

und feiern und saufen,

habe ich Bücher gelesen

und meine Seele ergründet.

Ich habe mich der Situation ergeben

und das ist in ein Gefühl

des inneren Friedens gemündet.

Denn so wie die Natur sich konnte erholen,

durch unser Konsumverhalten

haben wir ihr echt viel gestohlen,

konnte auch ich eingestaubte Träume links unten,

tief vergraben aus dem Keller holen.

Ein Mal dolle pusten

und der Staub weht davon

Auch heute muss ich noch oft husten,

wodurch ich mich frage:

„Was hast du dir da eigentlich vorgenommen?"

Denn jetzt nach der Krise,

ist da wieder die altbekannte Routine,

die schon damals war eine echt miese.

Und das alte Verhalten

und der Trieb nach Weiter, Größer, Mehr.

Da lässt sich die Bucket-List

wieder gut sauber zusammenfalten

und die Jagd nach den Träumen,

die ist schon lange her.

Ich gehe noch immer viel in die Natur
und suche mein Glück auf Bäumen
Das vegane Schokoladen-Soufflé mit Himbeerhäubchen
bereite ich zu mit Bravour,
doch stehe ich dann wieder
mit beiden Beinen auf dem Boden,
ist von Verzicht,
und das mit Leichtigkeit, keine Spur.
Ja, auch ich bin glücklich,
mehr unter Menschen zu sein
und doch fühle ich mich jetzt anders dabei.
Denn mir wurde die Bedeutung des Satzes
jetzt erst richtig bewusst:
„Wir sind gemeinsam allein."
Denn wie viele Gespräche sind so oberflächlich und leer
oder damit geschmückt,
dass man zieht über die Arbeitskollegin schlecht her.
Krisen setzen auf Menschlichkeit und Solidarität
Wie schade nur,
dass im Alltagstrott kein Hahn mehr danach kräht.
Und so widme ich mich
nicht mehr länger meinen Träumen
und ich werde den Dachboden jetzt aufräumen
anstatt den Keller.

Ich bin die ungehorsame Schülerin
und lade mir jetzt wieder ordentlich
voll meinen eigenen Teller.

Also frage mich nicht nach der Krise,
ja, was ist diese Krise?

Einzelgängerin

Ich komme als erste,
damit niemand merkt,
dass mein Herz mit sich alleine verkehrt.
Denn ich komme immer alleine
und anstatt Schmetterlinge im Bauch
sind dort Steine.
Sie erschweren mein Lachen
und ich habe nie mitgemacht
bei solchen Teamwork-Sachen.
Mein Team, das besteht nur aus mir
und doch spiele ich mit,
auch wenn ich mich selber riskier'.
Es würde leichter sein,
wenn andere es nicht bemerken würden,
doch ich bin wie ein Orange
- auf mich gibt es keinen Reim.
So springe ich allein
über all die Hürden.
Nur würde es diese Hürden gar nicht geben,
wäre ich nicht allein,
bloß kann *wäre* nie die Gegenwart sein.
So überrede ich mich zu Partys
und schleppe mich dann selbst ab.
Meine Dating-Geschichten sind wie Smarties
- in einer Schachtel verpackt,
nur leider nicht bunt,
eher nicht vorhanden.

Ich war nie stolzes Mitglied irgendwelcher Banden
und Coolness und ich haben uns nie gut verstanden.
Auch der Alkohol wurde nie zu meinem Freund,
dadurch habe ich wohl manch Zugehörigkeit versäumt.
Unternehme ich dann doch mal etwas mit Freunden,
bin ich immer eine ungerade Zahl,
denn ich bin die eins, drei, fünf oder sieben,
aber dadurch auch irgendwie nie die zweite Wahl.
Bei peinlichen Spielen
kann ich nie meinen Partner vorschieben,
mich aber auch leichter raushalten.
Und so sage ich oft freiwillig:
„Ich stoppe die Zeiten."
Trotzdem wünsche ich mir oft,
mich würde jemand begleiten.
Das wäre irgendwie schöner
und weniger einsam.

Mit dem Alter wird allein zu leben
immer obszöner
und die Norm hält einem so vieles vor,
das macht man halt einfach gemeinsam.
Doch in meiner Familie
fragt schon längst keiner mehr nach,
weil ich eh nie darum bitte,
dass ich jemanden mitbringen darf.

So ist der Platz neben mir niemals frei,
denn außer mir ist ja eh niemand dabei.
Vielleicht kenne ich es nicht
Wohnung, Bett und Kühlschrank zu teilen.
Und ich sehe die Dinge nur aus meiner Sicht,
niemand liest zwischen meinen Zeilen.
Und ich bin nicht wirklich geübt,
an Kompromissen zu pfeilen
oder mich zu einer Hochzeit im Partnerlook zu stylen.
Als Einzelgängerin passt man eh nie irgendwo rein
und genau das soll ich wohl sein.
Ob ich's für immer bleibe, wer weiß?
Dafür spare ich, wenn ich reise.
Ja, auch Liebe hat ihren Preis.

Diese Sache mit dem Älterwerden

Weil jeder nach dem Bestreben des Fortschritts handelt
und alles stets in Bewegung ist,
so bin auch ich Teil dieses Wandels,
weil man Veränderung oft an Körperlichkeit misst.
Wir zählen uns in Jahren, um zu erklären,
warum tanzen, Treppen steigen,
laufen, Springseil springen
heute schwieriger als gestern ist.
Auch ich sehe die Zeichen,
doch nicht von Alter, sondern Reife.
Und auch mit siebzig wäre es für mich normal,
dass ich nach Sternen am Himmel greife
und groß träume.
Denn verlieren kann ich eigentlich nur,
wenn ich zu leben versäume.

So entdecke ich mein erstes graues Haar
und auch dieses eine Barthaar
an meinem Kinn ist wieder da.
Doch hindert es mich nicht daran,
es mutig anzuheben
und gelassen nach vorne zu streben.
Denn ja, die Zeit vergeht.
Sie läuft vor, niemals zurück.
Doch bedeutet das nicht,
dass sie meinem Leben entzerrt das Glück.
Denn das Glück wird sich nie verlieren,
nur ich werde mich verändern
und darf wachsen und reifen.
Ich darf meinen Körper kleiden
mit anderen Gewändern
und mich dennoch als geliebt begreifen.

Und ja, heute bin ich ein Jahr älter
und in zehn Jahren sogar zehn.
Vieles schwebt im Ungewissen, doch ist eines sicher:
Ich werde verändert vor euch stehen!
Aber mit Stolz und wachsender Neugier.
Nenn mich doch gerne *altes Holz*,
doch verliere nicht aus dem Visier,
dass trockene Haut nur halt besser brennt,
aber dass jemand, der einmal im Feuer stand,
sich selbst erst richtig kennt.

Schleicht sich öfter der Gedanke ein:

„Ach, jetzt ist es eh zu spät.",

hole ich mein Springseil raus

und zeige mir, dass da noch etwas geht

und so viel auf mich wartet.

Worauf warte ich also noch?

Mit jedem neuen Tag, der startet,

rufe ich laut hinaus: „Doch,

ich möchte noch so viel entdecken

und meine müden Glieder wecken!"

Und knackt noch so mancher Knochen

oder fällt mir das Bücken schwer,

spüre ich das Leben durch meine Adern pochen

und vielleicht ist es nicht das Bücken,

aber dafür kann ich so viel mehr.

Ich möchte mich ja eh nicht beugen

und schrumpfen werde ich sowieso.

Ich möchte mich stattdessen in Größe zeigen

und auch bin ich nicht weniger wert,

wenn ich jemanden brauche,

der mir hilft vom Klo.

Früher oder später
holt mich doch wieder alles ein
so wie fusselige Haare
und das Stündchen Schlaf am Tage.
Aber auch die Fragen
werden wohl immer ein Bestandteil sein.
Sie ändern nur ihre Form
und aus dem *„Wer möchte ich mal werden?"*,
wird *„War das jetzt alles?"*
Ja sag, haben wir uns an das gehalten,
was wir uns einst schworen?
Vielleicht tanzten wir zu selten Walzer
und zu oft nach der Norm.
Doch ein Versprechen,
das bewahre ich ganz sicher
in meinem Herzen ganz fest auf:
Stets wähle ich die Liebe,
sie ist oberstes Gebot,
denn in ihr verwischt sich der Verlauf,
zwischen dir und mir,
zwischen Pflanze und Tier.
Und auch egal, dass ich mal falsch abbog,
denn wie du siehst, bin ich noch immer hier.

Wenn Knochen knacken, sind sie knusprig,
doch ich bin noch längst nicht gar.
So schwinge ich mein Tanzbein
und bin heute Abend der Star.
Ganz egal, wie es aussieht,
denn was ich nicht mehr sehe,
ist auch nicht wirklich da.
Schade, als Kind war mir das nicht richtig klar
und so hatte ich Angst vor Monstern unter meinem Bett
und auch heute ist die Angst noch da vor dem Tod,
der mich jetzt nur nicht mehr unter meinem Bett heraus,
sondern von Angesicht zu Angesicht bedroht.
So ist alles stets im Wandel,
doch irgendwie bleibt es doch gleich.
Und egal, wie ich heute handel,
mein Leben ist von Liebe reich.

Wie du siehst,

spreche ich gerne aus die weisen Worte,

doch gehört auch Jugendsprache zu meinem Repertoire.

Ich war vielleicht bereits an unzähligen Orten,

doch war für mich immer klar,

es gibt nur diesen einen,

an dem Geschichten sich ähneln

und Gesichter sich gleichen.

Da zeigt man seine Tränen

und die Schutzmauern dürfen weichen.

Da gibt es auch Wahrheiten,

die bringen Gesichter zum Erbleichen.

Doch dort rückt man dann näher zusammen

und nimmt sich bei der Hand.

Und egal, wie alt ich noch werde,

meine Wurzeln haben Bestand,

sind sie doch schon seit Generationen

nach Familie benannt.

Vielleicht anders

Ich kenne es, mich zu ducken.
Betreten und schüchtern zu Boden zu gucken
und mich anders zu fühlen
und irgendwie verkehrt.
Hab's schon gleich gefühlt,
anders wird nicht verehrt.
Eher komisch beguckt.
So habe ich mich eingeigelt,
mit Trauer im Herzen mein Bett zerwühlt
und all meine Worte heruntergeschluckt.

Die letzten Jahre habe ich dafür genutzt,
all diese Worte wieder herauszukramen
und mich nicht mehr durch die Augen von anderen,
sondern durch meine eigenen einzurahmen.
Mit einem Rahmen aus Blumen
und sowohl Licht als auch Schatten.
Mit Glitzer und Lack,
denn ich hab' das Versteckspiel so satt.

Ja:

Vielleicht bin ich anders,

weil ich Kartoffeln lieber esse als Pizza.

Weil ich meinen Urlaub lieber zu Hause verbringe

als auf wilden Reisen bis nach Nizza.

Vielleicht bin ich anders,

weil ich mich lieber ins Gras setze als auf eine Parkbank.

Weil ich beim Trinken gehen mit Freunden,

nie etwas trank.

Vielleicht bin ich anders,

weil ich lieber über Gefühle rede als über das Wetter.

Weil ich lieber überleg', wie ich etwas verändere,

als dass ich nur darüber mecker.

Vielleicht bin ich anders,

weil ich viel alleine bin und das meistens sogar gerne.

Weil ich das Leben intensiver spüre,

wenn ich mich von anderen entferne.

Vielleicht bin ich anders,

weil ich Mittagspausen lieber im Wald verbringe

als mit Kolleginnen und Kollegen.

Weil ich heut' noch, genauso wie damals,

wenn du meine Hand nimmst, bin verlegen.

Vielleicht bin ich anders,

weil ich zum Einschlafen noch immer Bibi Blocksberg hör'

anstatt die drei Fragezeichen.

Weil ich mich in Worten kleide
und darauf bedacht bin, zu unterscheiden
zwischen dem Selben und dem Gleichen.
Vielleicht bin ich anders,
weil ich für Sport um halb fünf aufsteh',
anstatt mich im Bett nochmal umzudrehen.
Weil ich mich zum Tanzen vor den Spiegel stelle,
um mich möglichst lange anzusehen.
Vielleicht bin ich anders,
weil meine Schuhe zwei Generationen drüber sind
und ich sie auch mit Löchern noch trage.
Weil ich täglich spazieren gehe,
obwohl ich keinen Hund habe.
Vielleicht bin ich anders,
weil ich an ausgezogener Tafel
keine Konversation betreibe.
Weil ich die interessierten Blicke
fremder Männer meide.
Vielleicht bin ich anders,
weil ich ätherische Öle anstatt Parfüm trage.
Weil ich es versuche, mir selbst zu erklären,
wenn ich dich auch nach dem dritten Mal
nicht verstanden habe.

Vielleicht bin ich anders,
weil ich mein meistes Geld für gesundes Essen
anstatt für Klamotten ausgebe
und mein Papa sagt, dass ich nie einen Mann finde,
weil ich ohne Toaster lebe.

Sag, bist du auch anders?
Vielleicht?

Dann pack jetzt deine Worte aus
und glaube daran, dass du reichst.
Denn: Du bist genug.

Ein Brief an mein jüngeres Ich

Hallo Du,

ich weiß nicht, ob du mich erkennst.

Ich stand auch mal da,

wo du jetzt bist

und es kann gut sein,

dass mein Ratschlag für dich jetzt abgedroschen ist,

weil du mich als alt benennst.

Aber hey,

gib mir eine Chance,

denn vielleicht bin ich ja weiser

und ich habe das alles schon durch.

Und das alles, um das du gerade bangst,

hielt auch ich einmal

so zerbrechlich in meiner Hand.

Ja und jetzt würde ich dir gerne meine reichen

und dir versichern,

ich werde nie von deiner Seite weichen.

Denn es wird da Menschen geben,

die werden dich verlassen.

Und dann wieder andere,

die wirst du richtig hassen,

aber manche auch inbrünstig lieben.

Und ich kann dir jetzt schon sagen,

am Ende wird die Liebe siegen.

Wenn sie echt ist

und gewollt.

Wenn du du bist
und das mit Stolz.
Ich weiß, das scheint sehr viel verlangt,
weil dein Selbstbild so sehr schwankt,
wie auf wackeligen Pfeilern
oder nur auf losen Stelzen gebaut.
Doch glaube mir,
deine Geschichte ist nicht nur ein liebloser Vierzeiler,
oder eine Flut an Tränen, die sich staut
an einem Damm gemacht aus Schmerz.
Und du bist nicht schwach,
nur weil du dich gerade eben nicht gegen ihn wehrst.
Also achte bitte weniger auf verkehrt
oder richtig, und mehr auf individuell.
Und du bist auch nicht falsch,
nur weil du deinen Weg gehst weniger schnell
oder ihn gerade noch am Suchen bist.
Und dieses Gefühl als Tourist
durch das eigene Leben zu gehen,
das du noch gar nicht
als richtiges Leben bezeichnen magst,
das wird vergehen,
wenn du nach deinen Werten fragst.
Doch nicht bloß Antworten verlangst,
sondern sie dir selber gibst.

Auch wenn das bedeutet,
dass du über´s Drahtseil wankst
und es gefährlich hin und her schwankt,
angestoßen durch den Sturm des Lebens,
wird keines deines Zitterns sein vergebens,
weil Mut immer belohnt wird
und ich finde dich jetzt schon ziemlich mutig.
Ich weiß, wie schwer es ist, etwas zu sagen,
wenn es niemand hört
und es trotzdem immer wieder erneut zu wagen.
Ich weiß, wie schwer es ist,
unter Menschen zu gehen,
die einen einfach nicht verstehen
und gar nicht wirklich sehen,
du als graue Maus.
Und ich weiß, wie schwer es ist,
daran zu glauben,
du kommst da raus.
Es wird dieser Tag kommen
und es ist es wert,
dass du gerade hier am Fenster sitzt,
und darum trauerst,
dass der Himmel dir jetzt noch bleibt verwehrt.
Komm, ich wische dir deine Tränen fort,
denn ich saß auch mal an diesem Ort
und hinterher hat es sogar Sinn gemacht.

In den vergangenen Jahren habe ich
sogar öfter mal gelacht
und ja, auch an dich gedacht.
Und daran, was ich dir gerne sagen würde,
nämlich, dass ich dich verstehe.
Dass du nicht nur ein Schatten bist,
sondern ein eindrucksvolles Mädchen,
das nicht nur ich sehe.
Also bitte halte dich weniger versteckt
und es ist auch nicht schlimm,
wenn ein falsches Wort mal deine Lippen befleckt.
Du musst nicht dein strengster Kritiker sein
und in der Jugend ist es auch nicht Pflicht,
sich rebellierend aus seinem Elternhaus zu befreien.
Du kannst still sein
und wirst trotzdem gesehen.
Du kannst du sein
und dich trotzdem nicht verstehen.
Sei einfach echt,
auch wenn das nicht einfach wird.
Lass alles los, was dich dabei schwächt
und deinen Blick auf dich selber stört.

Und eins noch,
bitte bleibe so ehrlich,
vor allem gegenüber dir selbst.
Wahrheit ist nicht gefährlich,
egal wie weh sie auch tut.
Wenn du deine Worte herunterschluckst,
werden sie irgendwann zu Wut,
vor allem auf dich selbst.
Im Leben wirst du nur nicht fallen,
wenn du dich selber hältst.
Und du hast die Wahl,
ob mit angespanntem Kiefer
oder einem Lächeln im Gesicht,
und ob du dein Leben schreibst
mit Kreide auf Schiefer
oder mit Edding, den niemand wegwischt.
Traue dich, zu bleiben,
du selbst und auf der Welt.
Traue dich, das anzutreiben,
was du dir wünscht in deinem Leben
und das abzugeben,
das bloß die Wunden anderer deckt,
weil wahre Heilung nur in dem eigenen Weg steckt.
So muss eine Jede sie aufsammeln,
wie Kastanien im Herbst,
die ja auch erst durch ihre stachelige Schale
bleibt unversehrt.

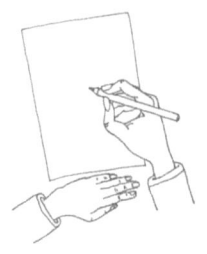

Sei dir selber diese Schale
und die Sicherheit für dich,
und traue dich trotzdem aufzubrechen,
wenn Liebe zu dir spricht.
Verlerne, was du in der Schule gelernt hast,
weil jeder Mensch mehr Nachkommastellen als Pi hat
und die wenigsten davon kennt.
Lass es zu, dass man dich unlösbar nennt.
Löse dich von Daten, Zahlen, Fakten
und von dem, was man dir sagt.
Lausche still in dich hinein,
wenn deine Seelenkonferenz tagt.
Lass dein Herz dein größtes Veto sein
und setze dich für die Dinge ein,
für die du wirklich brennst.
Denn Grenzen sind nur dafür da,
dass du sie sprengst.

Und hab keine Angst davor,
dass du einmal nicht die richtigen Worte findest.
Du kannst dir Hilfe holen,
dir andere leihen.
„Du hast für deine Erfahrungen keine Sprache,
aber bald schon findest du deine Stimme.
Und ich kann dir das alles einfach sagen,
weil *du* nämlich *ich* bist."[1]
Du darfst dann nur nicht vergessen,
ihnen deinen Stempel aufzudrücken.
Nur mit dir von gestern solltest du dich messen.
Trau dich, sie in deinem Style vorzutragen
und es ist gut, dass du anders denkst,
doch du darfst dein Anders auch sagen.
Vielleicht hörst du heute Lieder zum Weinen,
doch es wird der Tag kommen,
da werden es deine Worte sein,
die auf gedrucktem Papier erscheinen.
Manchmal zum Tanzen,
manchmal zum Weinen,
erlaube dir schon heute beides zu sein.
Jeder hat auch mal Phasen wie Pflanzen,
in denen Blätter fallen.
Doch du entscheidest,
wie stark die Geräusche des Aufpralls nachhallen.

---

1 Julia Engelmann: *Lieder zum Weinen*. In: *Die Welt mit deinen Augen*.
München 2022. S.68.

Ich wünschte, du könntest dich jetzt sehen
mit meinen Augen
und mit allem, was ich über dich weiß.
Weil ich deinen Weg schon kenne,
all die Tage, wo dir vor Wut wurde ganz heiß
oder vor Traurigkeit kalt.
Und ja, vielleicht werden die kalten
erst einmal noch überwiegen.
Aber all das kann auch schön sein,
auf dem Sofa eingekuschelt im Liegen.
Umarme dich öfter mal selbst
und weißt du,
du bist für mich die Welt.

Ich liebe dich, Mira.

Selfdate

Selfdate 1x pro Woche.
Eis gekauft,
den Wein geköpft
und 'nen Film gestartet.
Nicht auf Liebhaber gewartet,
sondern mich selbst gekrault.
Komplimente gedacht -
mal mehr, mal weniger versaut
und über meine eigenen Gedanken gelacht.
Ich hab bei mir selbst auf Snooze gedrückt,
mit 'nem Intervall von 24 Stunden.
Mich selbst auf dem Sofa
von links nach rechts gerückt
und finde mich heut' nicht nur schön
mit Augen verbunden.

Doch bevor ich einstaube,

drehe ich 'ne Runde um den Block.

Werde dabei angeschissen von 'ner Taube,

- jetzt weiß ich,

warum ich lieber in der Wohnung hock'.

Doch weil heute in mir drinnen Frieden herrscht,

ist mir jede Scheiße egal,

auch dass ich diesen Dating-Tag

aus eigener Tasche bezahl'.

Zurück angekommen,

spiele ich mit mir selber Quiz.

Was ich wohl alles

noch nicht über mich weiß?

So bekommt meine Selbstkenntnis

allmählich 'nen Riss,

oh mein Gott, ich find' mich echt heiß.

Die nächste Aufgabe ist dann eine echt schwere:

Wie viel Ich passt in einen Satz

und Selbstfürsorge in einen Tag?

Ich glaube, ziemlich viel,

denn die einzige Barriere,

kommt, wenn ich mich wieder

unter Menschen wag'.

So leg' ich mich hin, -

oh ja, nochmal ein Stündchen schlafen.

Meine Existenz folgt heute keinem Sinn,
außer wie oft meine Seele und ich
uns heute trafen.
So genieß' ich den Tag,
verwöhne mich selbst,
lebe Gedanken einschließlich Tat.
Und wenn ich dann in meiner Welt schwelg',
ist alles perfekt.
So perfekt,
wie es nun einmal sein darf,
an solch einem Tag.

An solch einem
imperfekt-perfekten
Tag.

Inhaltsverzeichnis

Danksagung

Da ich zwei Bücher sehr nah nacheinander herausgebracht habe, kann ich mich in der Danksagung fast nur wiederholen. Doch gilt bei diesem Poetry-Band mein größter Dank meiner Cousine Selina, die sich trotz volles Terminkalenders der Zeichnungen zu den Texten angenommen hat. Sie sind wundervoll geworden und du hast mir gezeigt, wie schön es ist, meinen Texten auch auf andere kreativer Ebene Ausdruck zu verleihen. Ich danke dir von Herzen für deine Mühe und für dein Sein. Des Weiteren möchte ich meiner Familie danken, die mich bei allem unterstützt, was ich in die Hand nehme und dass ihr mir gegenüber stets ehrlich seid und auch eure Zweifel äußert – auch wenn ich sie oft nicht hören möchte. Ich danke dir Rahsan, dass du auch diesen Band korrekturgelesen hast und mir zudem noch eine so verlässliche Freundin bist. Mein Dank gilt auch dir Sabrina. Unsere Freundschaft ist etwas ganz Besonderes. Ich möchte mich bei allen Menschen bedanken, denen ich begegnen durfte. Durch euch konnten viele der Texte überhaupt erst entstehen und ich erkennen, wer ich wirklich sein möchte. Zuletzt danke ich dem Leben, dass es mich immerzu inspiriert und mir solch eine Tiefgründigkeit zu fühlen erlaubt.

In Liebe,
Mira

Über die Autorin

Mira Witte lebt als freie Schriftstellerin und Künstlerin mit ihrer Katze Fairy in einem kleinen Dorf nähe Braunschweig. Schon von Kind an schreibt sie Gedichte, Songtexte und Geschichten um ihre Gefühle zu verarbeiten und sich selbst sowie die Welt ein kleines Stück besser zu verstehen. Nun möchte sie den Wert der eigenen Kreativität anderen Menschen vor Augen führen. Mira arbeitet als Lehrerin an einer Grundschule und sie gibt leidenschaftlich gerne Reiki und Meditationskurse. Als Sonnenzeichen Skorpion hat sie sich den Tiefen des Lebens und der menschlichen Seele angenommen und sie liebt es zwischen Licht und Dunkelheit zu tanzen.

Weitere Informationen unter:

www.mirawitte.de

Instagram: mirawitte